FARBE
COLOUR
COULEUR

FARBE | COULEUR

COLOUR

BARBARA LINZ

h.f.ullmann

Contents | Inhaltsverzeichnis | Sommaire

Introduction

Colour brings architecture closer to people. It has an immediate effect and speaks to emotions whereas buildings sometimes are of minor significance in our daily perceptions because their complexity requires a structured observation.

Colour theory and the science of colours, as well as the psychology of colours, are themes Western architecture has embraced since the 20th century. Colour is now more than surface decoration left to painters; it is a structural phenomenon. The Bauhaus school of the 1920s was formative in the use of colour in architecture. The Masters' Houses of the Bauhaus lecturers in Dessau exhibit intense colours in the interior, but still leave the outside of the building predominantly as a white shell with a few coloured accents.

The psychology of colour has made an in-depth study of the immediate effects of colour. It can be important for specific building functions. Schools and nursery schools, hospitals and even factories are typical locations for its application. Basically, colour schemes for interior architecture are more comprehensive because they are concerned with the space immediately surrounding us.

Precisely because colour is a strong signal that pushes other features into the background it demands sensitive handling. A failed colour scheme can have an unbearable effect. 'Colourless' architecture is therefore sometimes an expression of perplexity and exaggerated carefulness. Colour is equated with a mix of colour and superficiality. Since the 1980s, following the postmodern movement, the emphasis on the façade has been pushed to the extreme, mixing bright colours, shapes and bits of other styles – a very short-lived phase that proved ultimately to be tedious.

The use of colour in the architecture of the early 21st century is influenced by technical progress and work with material qualities. Coloured glass and multimedia technologies today allow building with light. The luminescent, shimmering volumes appear to float. Another position is the emphasis on substance. Here work is preferably with coloured (natural) building materials that often exhibit very interesting structures: from corroded steel to modern brick and loam building technologies to coloured concrete. Substantial colours, in contrast to painted-on colours, constitute a serious colour scheme today.

In the past ten years there has been a notable tendency towards possibly the most beautiful of all colours – red – in all its tints and shades.

Farbe bringt Architektur den Menschen näher. Sie wirkt unmittelbar und ruft Emotionen auf den Plan, wo Gebäude in unserer alltäglichen Wahrnehmung mitunter eine Nebenrolle spielen, weil ihre Komplexität eine strukturierte Betrachtung erfordern würde.

Farbtheorie und Farbenlehre sowie Farbpsychologie sind Themen, die sich die westliche Architektur seit dem 20. Jahrhundert zu eigen gemacht hat. Farbe ist nun mehr als nur oberflächliche Dekoration, die dem Malerhandwerk überlassen bleibt, sie ist ein strukturelles Phänomen. Für die auf die Architektur angewandte Farbigkeit war die Bauhauslehre in den 1920er-Jahren prägend. Die Meisterhäuser der Bauhauslehrer zeigen intensive Farben in den Innenräumen, belassen das Gebäudeäußere allerdings noch vorwiegend als weiße Hülle mit wenigen farbigen Akzenten.

Die Farbpsychologie hat die unmittelbare Wirkung von Farbe eingehend untersucht. Sie kann für bestimmte Gebäudefunktionen von Bedeutung sein. Schulen und Kindergärten, Krankenhäuser, aber auch Fabriken sind typische Anwendungsgebiete. Grundsätzlich sind Farbkonzepte in der Innenarchitektur ausgefeilter, weil sie den uns unmittelbar umgebenden Raum betreffen.

Gerade weil Farbe ein starkes Signal ist, das andere Eigenschaften in den Hintergrund drängt, erfordert sie einen sensiblen Umgang. Eine misslungene Farbgebung kann unerträglich wirken. „Farblose" Architektur ist daher manchmal Ausdruck von Ratlosigkeit und übertriebener Vorsicht. Farbe wird gleichgesetzt mit Buntheit und Oberflächlichkeit. Seit den 1980er-Jahren hat man im Zuge der Postmoderne-Bewegung die Betonung der Fassade auf die Spitze getrieben und knallige Farben, Formen und Stilzitate miteinander vermischt – eine sehr kurzlebige Phase, die Überdruss hervorrief.

Die Farbigkeit der Architektur am Beginn des 21. Jahrhunderts ist geprägt von technischen Neuerungen und der Beschäftigung mit Materialqualitäten. Farbiges Glas und Multimediatechniken ermöglichen heute ein Bauen mit Licht. Die leuchtenden, schimmernden Volumen scheinen zu schweben. Eine andere Position ist die der Betonung von Materialität. Hier arbeitet man bevorzugt mit farbigen (Natur-)Baustoffen, die oft eine sehr interessante Struktur aufweisen: von korrodiertem Stahl über moderne Ziegel- und Lehmbautechniken bis zu durchgefärbtem Beton. Die substanzielle Farbigkeit im Gegensatz zur aufgemalten macht heutzutage ein seriöses Farbkonzept aus.

In den letzten zehn Jahren zeigte sich dabei eine bemerkenswerte Tendenz zur wohl schönsten aller Farben – Rot – in allen seinen Tönen und Schattierungen.

La couleur rapproche l'architecture des gens. Son effet est direct et fait appel aux émotions, alors que dans notre perception quotidienne les édifices jouent parfois un rôle secondaire, parce que leur complexité réclame une observation structurée.

La théorie, la science et la psychologie des couleurs sont des sujets qui ont pris de l'importance dans l'architecture occidentale à partir du XXe siècle. La couleur n'est plus seulement un élément décoratif de surface que l'on laisse aux peintres, c'est un phénomène structurel. L'école du Bauhaus des années 1920 a beaucoup marqué l'utilisation de la couleur dans l'architecture. Les maisons des maîtres du Bauhaus à Dessau affichent des couleurs intenses dans les espaces intérieurs, mais leur extérieur est souvent une coquille blanche rehaussée de rares accents de couleur.

La psychologie de la couleur a étudié en détail les effets directs de la couleur. Cela peut revêtir une importance particulière pour la fonction de certains bâtiments. Les écoles et les garderies, les hôpitaux, mais aussi les usines en sont des applications typiques. En principe, le concept couleur est plus sophistiqué en architecture d'intérieur, car il touche notre espace immédiat.

C'est justement parce que la couleur est un signal fort, qui relègue d'autres éléments au second plan, que son maniement est délicat. Un concept couleur raté peut se révéler insupportable. L'architecture « sans couleur » peut donc être l'expression d'une certaine perplexité, et d'une prudence exagérée. La couleur est assimilée au multicolore et à la surface. À partir des années 1980, dans le sillage du mouvement postmoderniste, l'accent mis sur la façade a été poussé à l'extrême et a mélangé les couleurs criardes, les formes extravagantes et les emprunts stylistiques. Ce fut une phase éphémère qui lassa vite.

Au début du XXIe siècle, l'utilisation de la couleur dans l'architecture est influencée par les progrès technologiques et par le travail des caractéristiques des matériaux. Le verre teinté et les techniques multimédias permettent aujourd'hui de construire avec la lumière. Les volumes lumineux et éclatants semblent flotter. La mise en valeur de la matière est un autre courant. Ici, on préfère travailler avec des matériaux de construction colorés (naturellement) qui présentent souvent une texture très intéressante : de l'acier oxydé aux briques modernes et aux techniques de construction en terre jusqu'au béton teinté. Aujourd'hui, le contraste entre les couleurs des matériaux et les couleurs peintes fait partie de tout concept couleur sérieux.

Ces dix dernières années, on a pu voir une tendance notable vers la couleur qui est peut-être la plus belle de toutes, le rouge, dans toutes ses teintes et nuances.

PROJEKTE | PROJETS

PROJECTS

ACHTUNG TREPPE
MIT GERINGER
AUFTRITTSBREITE

Freudenstein Castle, Freiberg (Germany)

The castle was redeveloped and remodelled for the intake of the Saxon Mining Archive and the world's largest mineralogical collection, whereby the retention of its exterior appearance, the emblem of the city of Freiberg, was essential. As a result, the restoration in the castle's courtyard, which received a new black entrance building, appears much understated. Upon entering the interior, one is greeted by a strong new spatial experience. Old and new stand clearly and abruptly adjacent, which is made particularly noticeable and deliberate through colour and material contrasts. The new installations of brilliant lilac, violet, pink, green and yellow stand out sharply against the background of the exposed old building materials with their natural colours. Among other things, these colours serve to demarcate different functional areas within the Saxon Mining Archive and the collection.

Schloss Freudenstein, Freiberg (Deutschland)

Das Schloss wurde für die Aufnahme des Sächsischen Bergarchivs und der weltgrößten mineralogischen Sammlung saniert und umgestaltet, wobei die Erhaltung seines äußeren Erscheinungsbildes, des Wahrzeichens der Stadt Freiberg, wesentlich war. Die Restaurierung gibt sich demgemäß im Schlossinnenhof, der ein neues schwarzes Eingangsgebäude erhalten hat, noch sehr dezent. Betritt man das Innere, wird man dort von einem starken neuen Raumerlebnis empfangen. Alt und Neu stehen klar und unvermittelt nebeneinander, was insbesondere durch Farb- und Materialkontraste sichtbar und bewusst gemacht wird. Vor dem Hintergrund der freigelegten alten Baumaterialien mit ihren Naturtönen treten die neuen Einbauten in leuchtendem Lila, Violett, Pink, Grün und Gelb deutlich hervor. Diese Farben dienen unter anderem der Kennzeichnung verschiedener Funktionsbereiche innerhalb des Archivs und der Sammlung.

Château de Freudenstein, Freiberg (Allemagne)

Le château a été réhabilité et remodelé pour accueillir le musée des mines de Saxe et la plus grande collection minéralogique du monde. La préservation de l'apparence extérieure du château, qui est l'emblème de la ville de Freiberg, était essentielle. La restauration est donc très sobre dans la cour intérieure du château, qui a reçu un nouveau bâtiment d'entrée noir. Lorsque l'on pénètre à l'intérieur, on est accueilli par une expérience spatiale très innovante. L'ancien et le nouveau se côtoient clairement et brutalement, et cette juxtaposition est particulièrement renforcée par les contrastes entre les couleurs et les matériaux. Les nouvelles installations en lilas, violet, rose, vert et jaune vif se détachent franchement sur la toile de fond des matériaux de l'ancien bâtiment aux couleurs naturelles. Ces couleurs servent entre autres à distinguer les différentes zones fonctionnelles au sein du musée des mines de Saxe.

The interior of the black, monolithic entrance building is entirely a bright shade of lilac from the floor to the walls and ceiling.

Das außen schwarze, monolithische Entréegebäude ist innen, vom Boden über die Wände bis zur Decke, in einem hellen Lilaton gehalten.

Le bâtiment de l'entrée, noir et monolithique à l'extérieur, est revêtu à l'intérieur d'un lilas lumineux du sol aux murs et au plafond.

The administrative offices surround an atrium-like, completely green installation. The smooth coloured surfaces contrast nicely with the old brickwork.

Um einen atriumartigen, komplett grün getönten Einbau versammeln sich die Verwaltungsräumlichkeiten. Die glatten Farbflächen kontrastieren schön mit dem alten Mauerwerk.

Les bureaux administratifs sont rassemblés autour d'une installation en forme d'atrium entièrement revêtue de vert. Les surfaces colorées lisses créent un beau contraste avec les vieux murs de briques.

Shades of pink and violet in the coat check and stairwell meet up with old stone-faced vaults and the natural brown of the wooden floors, stairs and massive old girders.

Pink- und Violetttöne in Garderobe und Treppenhaus treffen auf steinsichtige alte Gewölbe und auf das Naturbraun der Holzböden, -treppen und massiven alten Tragbalken.

Les tons rose et violet du vestiaire et de la cage d'escalier tranchent avec les pierres des vieilles voûtes et le brun naturel des sols en bois, des escaliers et des vieilles poutres massives.

A free-standing house within a house of concrete was set into one wing of the castle. It houses the Archives of Mining and Metallurgy now.

In einen Schlossflügel wurde als Haus im Haus ein freistehender Baukörper aus Beton gesetzt. Er beherbergt nun das Bergarchiv.

Un bâtiment autonome en béton a été installé dans une aile du château, comme une maison gigogne. Il abrite les archives minières et métallurgiques.

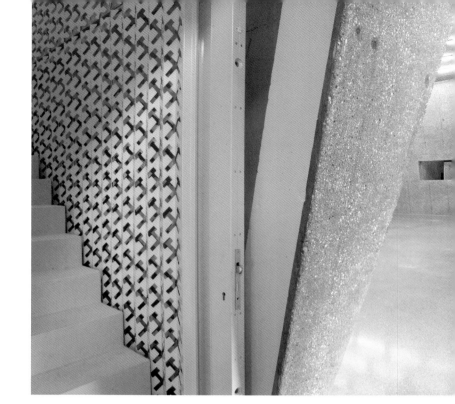

Its yellow interior contrasts distinctly with the surrounding room. Crossed sledgehammers symbolise the theme of mining history.

Sein gelbes Inneres hebt sich deutlich vom Umraum ab. Gekreuzte Hämmer symbolisieren das Thema der Montangeschichte.

Son intérieur jaune contraste nettement avec l'espace qui l'entoure. Des marteaux croisés symbolisent le thème de l'histoire minière.

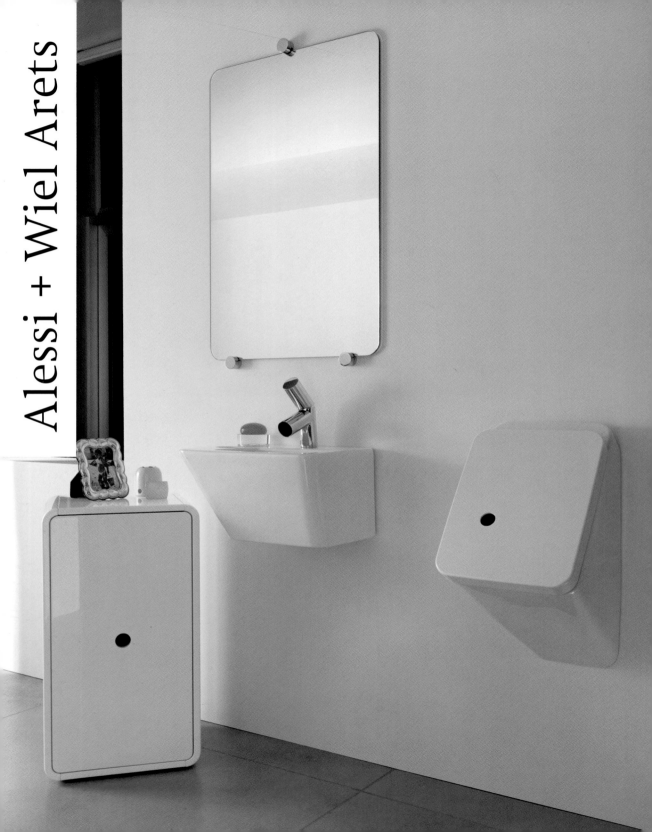

dOt, IlBagnoAlessi by LAUFEN

IlBagnoAlessi dOt by Wiel Arets is a new complete bathroom decor, with bathtubs, shower basins, furniture and accessories produced by Laufen Bathrooms GmbH. You will find a small dOt (point) on each individual element as a means of brand recognition. The round cross-section of the accompanying fittings has the same dimension as the dot-shaped grip holes on the bath furniture. The contour of the individual elements was developed from the cube, whereby the sides were angled and the edges rounded. As a programme, dOt is based on white sanitary ceramics with high-gloss surfaces combined with bathroom furniture of reddish brown and green. A Laufen Bathrooms-designed interior promotes the bath programme. There, bright colours provide a fitting backdrop for the series. One wall consists of a continuous striped pattern. Another is bright red.

dOt, IlBagnoAlessi by LAUFEN

IlBagnoAlessi dOt von Wiel Arets ist eine neue Badszenerie, deren Bade- sowie Duschwannen, Möbel und Accessoirs von der Laufen Bathrooms GmbH hergestellt werden. Als Wiedererkennungsmoment findet man einen dOt (Punkt) auf jedem der einzelnen Elemente. Der kreisrunde Querschnitt der zugehörigen Armaturen hat das gleiche Maß wie die punktförmigen Grifflöcher an den Badobjekten. Die Umrissform der einzelnen Elemente wurde aus dem Kubus entwickelt, die Seiten wurden dabei abgeschrägt und die Kanten abgerundet. Als Raumprogramm basiert dOt auf weißer Sanitärkeramik mit hochglänzender Oberfläche, kombiniert mit leutendem Rotbraun und Grün bei den Badmöbeln. Mit einem von Laufen Bathrooms entworfenen Interieur wird für das Badprogramm geworben. Dort bilden bunte Farben den geeigneten Hintergrund für die Serie. Eine Wand besteht aus einem durchgängigen Streifenmuster. Eine andere ist knallrot.

dOt, IlBagnoAlessi by LAUFEN

IlBagnoAlessi dOt de Wiel Arets est un nouveau décor complet pour salle de bains, avec baignoire, douche, meubles et accessoires produits par Laufen Bathrooms GmbH. Chaque élément porte un dOt (point) qui rappelle la marque. La section ronde de la robinetterie a le même diamètre que les trous qui servent de poignées sur les meubles de salle de bains. La silhouette des éléments individuels part de la forme d'un cube dont les faces ont été biaisées et les angles arrondis. Le concept dOt se base sur des sanitaires en céramique blanche avec des surfaces très brillantes, combinés à des meubles de salle de bains brun-rouge et verts. La décoration intérieure signée Laufen Bathrooms met en valeur ce concept de salle de bains. Les couleurs vives fournissent à la série une toile de fond idéale. L'un des murs est habillé d'un motif continu à rayures. L'autre est rouge vif.

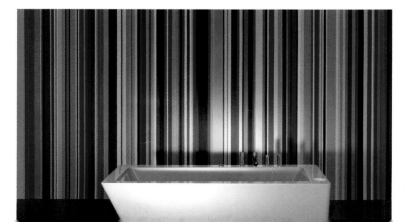

For Arets, the dOt represents a
drop of water. For him it is
something small, round.

Der dOt steht gemäß Wiel Arets
für einen Tropfen Wasser. Wasser
ist für Arets immer etwas
Weiches, Rundes.

Pour Arets, le dOt représente une
goutte d'eau, quelque chose de
souple et petit.

The round depression that adorns
every ceramic fixture and piece
of furniture in the series is a
functional characteristic, similar
to the dot above the letter 'i'.

Die runde Vertiefung, die jedes
Keramik- und Möbelstück der
Serie ziert, ist ein funktionelles
Charakteristikum, so etwas wie
das Tüpfelchen auf dem i.

Le trou rond qui orne chaque
élément en céramique et chaque
meuble de la série est une
caractéristique fonctionnelle,
similaire au point sur le « i ».

The pieces exude calm. "All objects serve the relief of the senses," Wiel Arets describes the design principle.

Die Objekte strahlen Ruhe aus. „Alle Gegenstände stehen im Dienst der Entspannung der Sinne", beschreibt Wiel Arets das Entwurfsprinzip.

Les éléments dégagent une impression de calme. « Tous les objets sont au service de la relaxation des sens » : c'est ainsi que Wiel Arets décrit le concept.

Alsop Architects

Blizard Building, London University

The project includes new buildings for the medical faculty of Queen Mary University of London. The ensemble is intended to promote communication and networking among the researchers and students here and prevent separation. The atmosphere should differentiate it from the often cold, anonymous environment of conventional research facilities. The transparent surface of the large, glass rectangular building that encloses the seminar department represents transparency. In this glass shell are instruction rooms that seem to nearly float and whose organic forms are reminiscent of cellular bodies. Their bright colours glow into the campus. The unusual room configurations are accessible through a sort of gallery. The view to the lower level is open and communicates transparency. The artist Bruce McLean designed stylised figures for the façade. They also refer formally to microbiology.

Blizard Building, Universität London

Das Projekt umfasst Neubauten für die medizinische Fakultät der Queen Mary University of London. Das Ensemble soll die Kommunikation und Vernetzung unter den hier Forschenden und Lernenden fördern und Vereinzelung verhindern. Seine Atmosphäre sollte sich deutlich von dem oft kalten, anonymen Umfeld konventioneller Forschungseinrichtungen unterscheiden. Die durchsichtige Hülle des großen, gläsernen Gebäuderechtecks, das die Seminarabteilungen umschließt, steht für Transparenz. In dieser Glashülle befinden sich schwebend installierte Unterrichtsräume, die in ihrer organischen Form an Zellkörper erinnern. Ihre bunte Farbigkeit leuchtet bis auf den Campus. Die ungewöhnlichen Raumgebilde sind von einer Art Galerie aus zugänglich. Der Blick in das Tiefgeschoss ist offen und vermittelt Transparenz. Der Künstler Bruce McLean entwarf stilisierte Abbildungen für die Fassade. Auch sie nehmen formal Bezug auf die Mikrobiologie.

Blizard Building, université de Londres

Le projet comprend plusieurs nouveaux bâtiments pour la faculté de médecine de la Queen Mary université de Londres. L'ensemble est conçu pour favoriser la communication et le travail en réseau entre les chercheurs et les étudiants, et éliminer les séparations. Son atmosphère devait le différencier nettement de l'environnement souvent froid et anonyme des centres de recherche classiques. Le revêtement extérieur vitré du grand bâtiment rectangulaire qui abrite le département des séminaires représente la transparence. Dans cette coque de verre, on trouve des salles de cours qui semblent presque flotter et dont les formes organiques évoquent des corps cellulaires. Leurs couleurs vives rayonnent jusque sur le campus. Ces salles aux configurations inhabituelles sont accessibles depuis une sorte de galerie. La vue sur le niveau inférieur est ouverte, et transmet aussi une idée de transparence. C'est l'artiste Bruce McLean qui a conçu les figures stylisées de la façade. Leur forme fait également référence à la microbiologie.

The fanciful installations have names like 'the cell' or 'mushroom'.

Die phantasievollen Einbauten tragen Namen wie „die Zelle" oder „Pilz".

Les salles extravagantes de l'intérieur portent des noms comme « la cellule » ou « champignon ».

The entire area, including the buildings, walkways and squares, was subject to a flamboyant colour and lighting design.

Das ganze Gelände, einschließlich der Gebäude, Passagen und Plätze, wurde einem auffälligen Farb- und Lichtdesign unterzogen.

Les couleurs et l'éclairage de tout le site, notamment les bâtiments, les couloirs et les places, ont subi un remodelage spectaculaire.

The scientists were included in the conceptual design of the faculty architecture and could describe their ideas of an appropriate working environment.

Bei der Konzeption der Fakultäts-architektur wurden die Wissen-schaftler mit einbezogen und konnten ihre Vorstellungen eines geeigneten Arbeitsumfelds beschreiben.

Le concept architectural de la faculté a pris en compte les avis des scientifiques, qui ont pu décrire leur vision d'un environnement de travail approprié.

Bioscleave House (The Life-Extending Villa) (USA)

The artists Arakawa and Madeline Gins are inspired by the idea of immortality. At their Architectural Body Research Foundation they develop strategies to promote spryness. A basic principle is the 'Experience', an advancement of the wakefulness of the senses (and with that, a cultivation of body and spirit). In their statements that include a multitude of originally created words, they remove themselves from the one-dimensional definition with regard to their goals and force their counterparts to have their own experiences. The footprint of the Bioscleave House in East Hampton on Long Island is blossom-shaped, with a large living room in the middle. A deep green dominates here, while a total of about 40 colours can be experienced in and on the house. Translucent polycarbonate and metal alternate in interplay with the lacquered walls and window surfaces. The horizontal and vertical building layers are interleaved with one another, and so here also every clearly defined meaning is avoided.

Bioscleave House (Die lebensverlängernde Villa) (USA)

Die Künstler Arakawa und Madeline Gins sind von der Idee der Unsterblichkeit inspiriert. In ihrer Architectural Body Research Foundation entwickeln sie Strategien zur Unterstützung von „Lebendigkeit" durch Architektur. Ein Grundprinzip ist das „Erleben", eine Förderung der Wachheit der Sinne (und damit ein Fördern von Körper und Geist). In ihren Statements, die eine Vielzahl rätselhafter, eigener Wortschöpfungen enthalten, entziehen sie sich der eindimensionalen Festlegung hinsichtlich ihrer Ziele. Der Grundriss des Bioscleave House in East Hampton auf Long Island ist blütenförmig mit einem großen Wohnraum in der Mitte. Hier dominiert ein sattes Grün, während insgesamt wohl um die 40 Farbtöne in und an dem Haus „erlebbar" sind. Transluzentes Polykarbonat und Metall treten in ein Wechselspiel mit den lackierten Wänden und den Fensterflächen. Die horizontalen und vertikalen Gebäudeschichten sind verschachtelt, und so wird auch hier jede festlegende Eindeutigkeit vermieden.

Bioscleave House (La villa qui allonge la vie) (États-Unis)

Les artistes Arakawa et Madeline Gins se sont inspiré de l'idée de l'immortalité. Au sein de leur fondation Architectural Body Research, ils développent des stratégies qui favorisent la vitalité. L'un des principes de base est « l'expérience », la stimulation d'un état sensoriel éveillé (et donc une culture du corps et de l'esprit). Dans leurs textes, qui regorgent de néologismes de leur création, ils se défendent contre toute définition unidimensionnelle de leurs objectifs. Le plan au sol de la Bioscleave House, située à East Hampton sur Long Island, est en forme de fleur, avec une grande pièce à vivre au milieu. Un vert saturé y domine, tandis qu'une quarantaine de couleurs peuvent être « expérimentées » dans et sur la maison. Du polycarbonate translucide et du métal alternent avec les murs laqués et les surfaces des fenêtres. Les strates de construction horizontales et verticales se pénètrent les unes les autres. Toute signification clairement définie est donc aussi évitée ici.

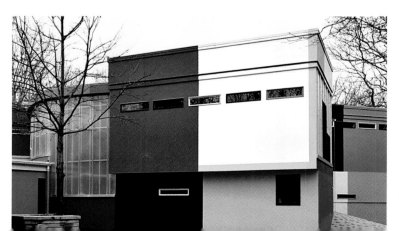

The floor relief in the centre of the house is made of rammed earth. It surrounds the kitchen appliances.

Das Bodenrelief im Zentrum des Hauses besteht aus gestampftem Lehm. Es umschließt die Küchen-armatur.

Au centre de la maison, le relief du sol est fait de terre battue. Il entoure le plan de travail de la cuisine.

A bright array of poles helps with climbing tours and enlivens the large space.

Ein bunter Stangenwald hilft bei Kletterpartien und belebt den weiten Raum.

Des poteaux multicolores servent à grimper et dynamisent le vaste espace.

'Reversible Fate' Flats, Mitaka (Japan)

A house as a large adventure playground, as a 'jungle camp', as a hall of mirrors and as a therapy room promotes personal experience. Starting with the idea that every fixed reality, every insistence on the patently obvious, every belief in an irreversible fate contradicts the principle of life, life in these flats should be connected with ever-new, unusual experiences that encourage self-reflection. Round and angular rooms breach the completely conventional framework of the flats. There is no definition about where and how one should stay, including diverse possibilities to climb around on and in the architecture. Most notable however is the abundance of colours and shades that residents encounter outside and within the flats. Complementary contrasts can cause agitation, and so some rooms are held to a single colour.

„Umkehrbares-Schicksal"-Apartments, Mitaka (Japan)

Ein Haus als großer Abenteuerspielplatz, als „Dschungelcamp", als Spiegelkabinett, als Therapieraum, der die Selbsterfahrung fördert. Ausgehend von dem Gedanken, dass jedes Festgelegt-Sein, jedes Bestehen auf scheinbar Offensichtlichem, jeder Glaube an schicksalhafte Unumkehrbarkeit dem Prinzip des Lebens widerspricht, soll das Wohnen in diesen Häusern mit immer neuen, ungewöhnlichen Erlebnissen verbunden sein, die die Selbstreflexion anregen. Runde und schräge Räume durchbrechen das durchaus konventionelle konstruktive Gerüst der Apartments. Es gibt keine Festlegung, wo und wie man sich aufhalten sollte, einschließlich diverser Möglichkeiten, auf und in der Architektur herumzuklettern. Am auffälligsten ist allerdings die Fülle von Farben und Farbtönen, die den Bewohnern außen und innen an den Wohnungen begegnen. Komplementärkontraste machen sich stark, und so mancher Raum wird von nur einer Farbe eingenommen.

Appartements « Destin réversible », Mitaka (Japon)

Cette maison est un grand terrain de jeux et d'aventure, un « camp de la jungle », un labyrinthe de miroirs, et un espace thérapeutique qui encourage la découverte personnelle. En partant de l'idée selon laquelle toute réalité fixe, toute existence d'une évidence manifeste, toute croyance en un destin irréversible contredit le principe même de la vie, l'occupation de ces appartements doit être reliée à des expériences toujours nouvelles et inhabituelles qui encouragent la réflexion sur soi-même. Les pièces rondes et obliques brisent la structure très classique des appartements. Il n'y a pas d'endroit ni de façon prédéterminés de se tenir dans cet espace, et l'on peut même grimper sur et dans le bâtiment. La caractéristique la plus remarquable est cependant l'abondance de couleurs et de teintes que les résidents côtoient à l'extérieur et à l'intérieur des appartements. Les contrastes complémentaires sont très prononcés, et certaines pièces se contentent d'une seule couleur.

One can constantly learn more about oneself here, according to the architects – reverse one's fate at any time and experience greater vitality.

Hier kann man immer etwas Neues über sich herausfinden, meinen die Architekten, sein „Schicksal" jederzeit umkehren und größere Lebendigkeit erfahren.

Ici, on peut toujours apprendre quelque chose sur soi-même, selon les architectes, renverser son destin à tout moment et stimuler sa vitalité.

Bolles + Wilson

Luxor Theatre, Rotterdam

For the venerable stage, known far beyond Rotterdam, a new parcel was found in the up-and-coming former port facility area at the confluence of the New Meuse and Rhine rivers. A noteworthy number of new works by world-famous architects are already located in the area of the theatre, which attracts many visitors. One structure in this neighbourhood requires strong language. The Luxor shows an eclectic graduated building with façades structured differently on each side on a footprint that presents more than just four elevations. The partial similarity with a ship is intentional. The striking lettering used for the theatre's name and the conspicuous red of the façade draw the eye from a distance. The shade of red, a traditional identifying feature of the theatre, was brought here from its original location. The typography of the fluorescent letters is newly designed and is one of the animated façade details.

Luxor Theater Rotterdam

Für die traditionsreiche, weit über Rotterdam hinaus bekannte Bühne konnte im aufstrebenden ehemaligen Dockgelände, am Zusammenfluss von Maas und Rhein, ein neues Grundstück gefunden werden. Eine bemerkenswerte Zahl neuer Werke weltberühmter Architekten findet sich schon jetzt in der Nachbarschaft des Theaters, was viele Besucher anzieht. Ein Bauwerk in dieser Umgebung bedarf einer kraftvollen Sprache. Das Luxor zeigt einen vielseitig gestaffelten Baukörper mit stets unterschiedlich strukturierten Fassaden auf einem Grundriss, der mehr als nur vier Ansichten eröffnet. Die teilweise Ähnlichkeit mit einem Schiff ist beabsichtigt. Der markante Namensschriftzug des Theaters und das auffällige Rot der Fassade ziehen schon von weitem den Blick an. Der Rotton, ein traditionelles Erkennungsmerkmal des Theaters, wurde vom alten Standort mit hierher gebracht. Die Typografie der Leuchtschrift ist ein neuer Entwurf und eines der animierten Fassadendetails.

Théâtre Luxor, Rotterdam

Pour cette scène riche de tradition, célèbre bien au-delà de Rotterdam, on a trouvé un nouveau site dans le quartier en plein essor des anciens docks, à la confluence de la Meuse et du Rhin. De nombreux nouveaux bâtiments signés par des architectes de renommée internationale se trouvent déjà dans le voisinage, qui attire de nombreux visiteurs. Dans cet environnement, la structure devait avoir un langage fort. Le Luxor est un bâtiment en escalier, dont les façades multiples affichent des structures différentes sur chaque côté. C'est intentionnellement qu'il ressemble un peu à un bateau. Les grandes lettres utilisées pour le nom du théâtre et le rouge spectaculaire de sa façade attirent les regards de loin. La nuance de rouge utilisée, caractéristique distinctive traditionnelle de ce théâtre, a été rapportée de l'ancien site. La typographie des lettres fluorescentes a été conçue pour le nouveau théâtre, et fait partie des détails animés de la façade.

The red fibre cement boards seem in places like the planks of a round ship's hull.

Die roten Faserzementplatten wirken stellenweise wie die Planken eines runden Schiffskörpers.

Par endroit, les plaques de fibrociment figurent les planches de la coque ronde d'un bateau.

Other elements are reminiscent of the industrial landscape of the docks.

Andere Elemente erinnern an die Industrielandschaft der Docks.

D'autres éléments rappellent le paysage industriel des docks.

The spiral-shaped ascending foyer opens time after time to spectacular views of the surroundings. The distinctive shade of red continues on the wood panelling inside.

Das spiralförmig aufsteigende Foyer öffnet sich immer wieder für spektakuläre Ausblicke auf die Umgebung. Der markante Rotton setzt sich innen mit der hölzernen Wandverkleidung fort.

Le foyer qui monte en spirale s'ouvre sans cesse sur des vues spectaculaires des environs. Le rouge distinctif du théâtre est repris à l'intérieur, sur le revêtement en bois des murs.

Kaldewei Competence Centre, Ahlen (Germany)

The Competence Centre in Ahlen is a modern educational and exhibition centre and an international meeting place for architects and designers. At the same time, it is about the possibility of visualisation and the emotional experience of the Kaldewei brand. The company produces its own enamel. The integration of the enamel smelter was an essential part of the overall architectural concept and so one passes on the second floor from the permanent product display directly to the smelter. The enamel tapping is easily observable from the panorama platform above the ovens. Kaldewei sent an intuitive outwardly-directed signal with the façade of the new architecture: it is covered with enamelled steel plates in the company's colours.

Kaldewei Kompetenz Center, Ahlen (Deutschland)

Das Kompetenz Center in Ahlen ist ein modernes Schulungs- und Ausstellungszentrum und internationaler Treffpunkt für Architekten und Planer. Dabei geht es auch um die Möglichkeit der Visualisierung und des emotionalen Erlebens der Marke Kaldewei. Das Unternehmen stellt sein Email selbst her. Die Integration der Email-Schmelze war essenzieller Bestandteil des architektonischen Gesamtkonzepts, und so gelangt man im zweiten Obergeschoss von der permanenten Produktausstellung direkt zur Schmelze. Von einer über den Öfen gelegenen Panoramaplattform lässt sich der Email-Abstich gut beobachten. Mit der Fassade der neuen Architektur setzt Kaldewei ein unmittelbares, nach außen gerichtetes Signal: Sie ist mit emaillierten Stahlplatten in den Unternehmensfarben verkleidet.

Centre de compétence Kaldewei, Ahlen (Allemagne)

Le Centre de compétence d'Ahlen est un centre moderne d'enseignement et d'exposition, et un point de rendez-vous international pour les architectes et les urbanistes. Dans le même temps, il permet de visualiser et de vivre l'expérience émotionnelle de la marque Kaldewei. L'entreprise produit son propre émail. L'intégration de la fonderie d'émail était un élément essentiel du concept architectural d'ensemble, et l'on passe à l'étage supérieur directement de l'exposition permanente à la fonderie. On peut observer commodément l'écoulement de l'émail à partir d'une plateforme située au-dessus des fours. Avec la façade de ce nouveau bâtiment, Kaldewei transmet un message intuitif vers l'extérieur : elle est revêtue de plaques d'acier émaillées aux couleurs de l'entreprise.

The wood panelling and the light boxes produce an elegant display ambiance that can be used flexibly, depending on the purpose of the event.

Die Holzverkleidung und die Lichtkästen schaffen ein elegantes Ausstellungsambiente, das flexibel genutzt werden kann – je nach Veranstaltungszweck.

Les panneaux de bois et les boîtes lumineuses créent un espace d'exposition élégant, qui s'adapte à différentes utilisations selon les événements.

Light shades of green were
selected for the educational room.

Für den Schulungsraum wurden
helle Grüntöne gewählt.

Pour la salle de cours, on a choisi
des nuances de vert clair.

The architects included the
garden in their design. It will be
transfigured with amphorae and
fruit trees.

Auch den Garten haben die
Architekten in ihren Entwurf
integriert. Mit Amphoren und
Obstbäumen soll er umgestaltet
werden.

Les architectes ont inclus le
jardin dans leur projet. Il sera
transfiguré à l'aide d'amphores
et d'arbres fruitiers.

burkhalter sumi

Restaurant and Bar Werd in Zurich

A semi-transparent sunscreen uses specially-manufactured membrane fabric printed with an ultra-large plant motif on both sides. The strongly-coloured leaves are engaged in a dialogue with the restaurant's own green floor covering. The entrance to the restaurant is accentuated by the signage of the restaurant's name in letters and word fragments of varying sizes. The lush-green floor of the restaurant takes up the colour of the façade's fabric sunscreen and provides the base upon which the stairway, bar and furniture rest. Painted in glossy red, staircase and gallery become one single element that appears to hang suspended only by the round, green column. The buttresses that actually bear the gallery floor have been painted black. Retreating into the background, they provide a deliberate contrast to the fragility of the glass shell. The half-round bar, realized in natural moor oak, is the only element that has not been painted. The ochre façade is used as a screen for beamer projections in the bar space.

Bar-Restaurant Werd in Zürich

Ein semitransparenter Sonnenschutz in Form von textilen Membranen ist mit übergroßen Pflanzenmotiven bedruckt. Die satte Farbe der Blätter tritt mit der Umgebung und dem grünen Bodenbelag des Innenraums in einen Dialog. Eine Beschriftung mit Buchstaben und Wortfragmenten markiert den Eingang des Restaurants. Der saftig grüne Boden innen nimmt die Farbigkeit der Fassadenmembran auf und bildet die Unterlage, aus der Treppenaufgang, Bar und Möblierung „wachsen". Treppenaufgang und Galerie sind als ein Element glänzend rot gestrichen und werden scheinbar nur von der runden, grünen Säule gehalten. Die schwarz gestrichenen Pfeiler, die in Wirklichkeit die Galerie tragen, treten in den Hintergrund. Sie bilden in der Fragilität der Glashülle allerdings einen starken Kontrast. Die halbrunde Bar aus Mooreiche ist das einzige nicht farbig getönte Element. Zum Restaurant hin dient eine ockerfarbene Wand als Leinwand für dekorative Beamerprojektionen.

Restaurant et bar Werd à Zurich

Un pare-soleil semi-transparent en membranes textiles est agrémenté de motifs végétaux géants imprimés. La couleur vive des feuilles dialogue avec le site et le revêtement de sol vert de l'espace intérieur. Une inscription composée de lettres et de fragments de mots signale l'entrée du restaurant. Le sol vert intense du restaurant, qui reprend les coloris de la membrane de façade, constitue le substrat dans lequel l'escalier, le comptoir du bar et le mobilier prennent naissance. Peints dans le même rouge brillant, l'escalier et la galerie semblent ne faire qu'un et reposer sur la colonne verte. Les piliers peints en noir, sur lesquels la galerie repose en réalité, passent à l'arrière-plan, tout en contrastant fortement avec la fragilité de l'enveloppe de verre. Le comptoir hémisphérique en chêne fossile est le seul élément non peint. Sur le mur ocre séparant le bar du restaurant sont projetés des motifs décoratifs.

Zurich artist Heinz Unger realized the scenery set in cooperation with burkhalter sumi.

Das Kunst-am-Bau-Konzept erstellte der Zürcher Künstler Heinz Unger in Zusammenarbeit mit burkhalter sumi.

Le concept d'art in situ a été élaboré par Heinz Unger en collaboration avec burkhalter sumi.

The tables with their green legs appear to be growing out of the green floor.

Die Tische mit ihren grünen Beinen scheinen aus dem Boden zu wachsen.

Avec leurs pieds verts, les tables semblent enracinées dans le sol.

At times the ground floor bar area is separated from the rest of the guest room with a softly falling drape.

Zeitweise wird im Ergeschoss der Barbereich vom übrigen Gastraum durch einen weich fallenden Vorhang abgetrennt.

Au rez-de-chaussée, l'espace du bar est parfois séparé du reste de la salle de restaurant par un rideau au tombé délicat.

C+S ASSOCIATI Architects

Kindergarten in Covolo Pederobba (Italy)

This location is not loud in itself, despite its bright colours. It initially offers the children who spend their days here security and the chance to let their hair down. The architects base the theme and structure of their building on the principle of the 'wall'. The kindergarten is like a courtyard surrounded by a perimeter wall. At some points there are small openings through which one can view the surroundings as if looking at a picture. To the southwest, towards the fields and vineyards, the enclosure is open further. All of the passageways and views through the wall and also in the interior rooms are colour-coded. Transitions are accentuated with a deep red. The flat one-storey building fits well on the plain that is only bordered by mountains in the distance. The concrete walls with their partially light-reflecting plasterwork are reminiscent of the surrounding granges.

Kindergarten in Covolo Pederobba (Italien)

Dieser Ort ist nicht von sich aus laut, trotz seiner bunten Farben. Er bietet den Kindern, die hier ihren Tag verbringen, zunächst Geborgenheit und damit die Möglichkeit, aus sich herauszugehen. Die Architekten gründen Thema und Struktur ihres Baus auf das Prinzip der „Mauer". Der Kindergarten wird wie ein Hof von einer Einfassungsmauer umgeben. An manchen Stellen gibt es kleinere Öffnungen, durch die man auf die Umgebung wie auf ein Bild schaut. Nach Südwesten, zu den Feldern und Weingärten hin, öffnet sich die Anlage weiter. Alle Durchgänge und Durchblicke in der Mauer und auch in den Innenräumen sind farbig gekennzeichnet. Übergänge werden durch ein tiefes Rot hervorgehoben. Der flache, eingeschossige Bau passt gut in die Ebene, die nur in der Ferne durch das Gebirge begrenzt wird. Die Betonmauern mit ihrem teils lichtreflektierenden Verputz erinnern an die Gehöfte der Umgebung.

Jardin d'enfants à Covolo Pederobba (Italie)

Malgré ses couleurs vives, ce lieu n'est pas très voyant en lui-même. Il offre aux enfants qui y passent leurs journées un environnement sûr, qui leur permet de s'exprimer en toute liberté. Les architectes ont basé le thème et la structure de leur bâtiment sur le principe du « mur ». Le jardin d'enfants est une sorte de cour intérieure entourée d'un mur d'enceinte. Par endroits, de petites ouvertures laissent voir les environs comme si l'on regardait une image. Au sud-ouest, vers les champs et les vignes, les installations s'ouvrent davantage. Tous les passages et toutes les perspectives à travers le mur ou vers les pièces intérieures sont codés par couleurs. Les transitions sont accentuées par un rouge profond. Ce bâtiment plat, de plain-pied, trouve sa place naturellement sur cette plaine qui n'est bordée que par de lointaines montagnes. Les murs en béton, avec leur enduit partiellement réfléchissant, évoquent les fermes des environs.

The children are given a feeling of familiarity through the similarity of the building's character with the area's typical architecture.

Durch die Ähnlichkeit des Gebäudecharakters mit der Bautradition der Umgebung wird den Kindern ein Gefühl der Vertrautheit gegeben.

Le caractère du bâtiment est proche de celui de l'architecture locale typique, ce qui donne aux enfants un sentiment de familiarité.

The contact with the village is maintained through small openings.

Der Kontakt zum Dorf wird durch kleine Durchblicke gehalten.

Le contact avec le village est préservé grâce à de petites ouvertures.

The interior courtyard simultaneously conveys freedom and safety in a generous way.

Der Innenhof vermittelt auf großzügige Weise räumliche Freiheit und gleichzeitig Geborgenheit.

La cour intérieure transmet simultanément un grand sentiment de liberté et de sécurité.

zentralen Flur umfassen eine ganze Farbpalette.

Dans le corridor central, les cadres de porte multicolores affichent toutes les couleurs de la palette.

Many views bind the two long sides of the building with one another.

Viele Durchblicke verbinden die beiden Langseiten des Gebäudes miteinander.

Les nombreuses perspectives relient les deux côtés longs du bâtiment.

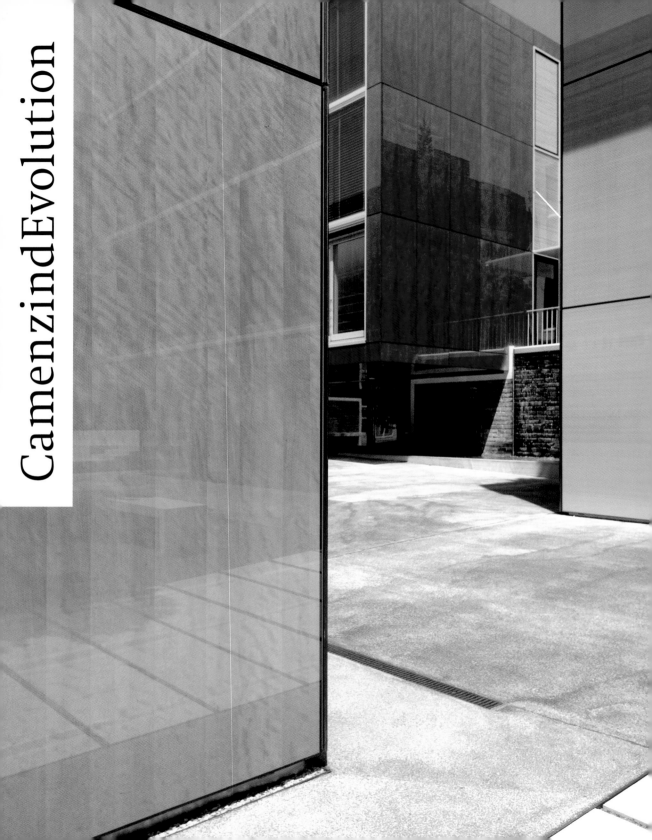

CamenzindEvolution

Seewurfel Mixed-Use Development Zurich

Eight new apartment and office buildings are beautifully situated on a hillside, offering stunning views over Lake Zurich. The project is based on a concept of piazzas, created by carefully positioning the buildings. One specific quality of the project lies in the balance achieved between the common architectural language of the development and the individual identity given to its buildings. This concept is most clearly shown in the choice of materials for the façades. Low-key cladding panels of grey fibre cement are the integrating element applied on all eight cubes. Differentiation is provided by a new silicon-bonded timber-glass-panel cladding system especially developed by CamenzindEvolution. Three different types of wood veneer – all from certified forest management sources – were selected for their individual colour and wood grain: Makoré, Curupixa and Bamboo.

Wohn- und Geschäftshäuser Seewürfel, Zürich

Acht neue Wohn- und Geschäftshäuser liegen in wunderbarer Hanglage über dem Zürichsee. Das Projekt basiert auf dem Konzept der „Plätze", die sich durch geschicktes Anordnen der Kuben am Hang eröffnen. Eine Qualität des Projekts liegt in der Balance zwischen Einheitlichkeit und Variation in der Architektursprache. Diese Idee wird am deutlichsten bei der Wahl der Fassadenverkleidung. Zurückhaltend graue Zementfaserpaneele sind das verbindende Element der acht Würfelbauten. Eine farbige Palette eröffnet sich über ein von CamenzindEvolution speziell für dieses Projekt entwickeltes Produkt: Eine Glasfassade, die im Verbund mit Holzfurnieren hergestellt wird. Drei verschiedene Hölzer – alle aus kontrollierter Forstwirtschaft – wurden aufgrund ihrer herausragenden Farbigkeit und Zeichnung ausgewählt: rötlichbraunes Makoré, zurückhaltend gemasertes Curupixa und heller Bambus.

Immeubles à usage mixte Seewürfel, Zurich

Ces huit immeubles cubiques à usage mixte sont admirablement situés, en surplomb du lac de Zurich. Le projet repose sur le concept de « places », des espaces résultant d'une disposition étudiée des cubes sur la pente. L'équilibre entre homogénéité et variation trouvé par le langage architectural est un des atouts du projet. Ce parti pris est plus particulièrement manifeste dans le revêtement de façade choisi, des panneaux de fibrociment gris neutre qui constituent le lien unissant les huit constructions cubiques. De la couleur est introduite dans le projet par façade vitrée intégrant des placages en bois développée par CamenzindEvolution spécifiquement pour ce projet. Les trois essences mises en œuvre, qui proviennent toutes d'exploitations forestières contrôlées, ont été retenues pour leur coloration et leur veinure exceptionnelles : il s'agit du makoré brun-rouge, du curupixa à veinure rectiligne et du bambou clair.

Coloured wall surfaces with a high-gloss glass surface are found outside and inside.

Farbige Wandflächen mit einer hochglänzenden Glasoberfläche finden sich außen und innen.

On trouve à l'intérieur et à l'extérieur des surfaces de mur colorées revêtues d'une finition haute brillance.

The exterior spaces were transformed to a garden landscape with trees and ponds.

Die Außenräume wurden in eine Gartenlandschaft mit Bäumen und Wasserbecken verwandelt.

Les espaces extérieurs ont été transformés en jardin paysager avec des arbres et des bassins.

The project won the 2005 RIBA World Wide Award.

Das Projekt wurde mit dem RIBA World Wide Award 2005 ausgezeichnet.

Le projet a été lauréat en 2005 du World Wide Award décerné par le Royal Institute of British Architects.

Google EMEA Engineering Hub, Zurich

Google's self-image is unconventional – as the concept and design of the new location in Zürich should also be. Creativity, a solution-oriented attitude and vitality are associated with this self-image, and an appropriate work environment promotes these qualities. The personnel requested open work spaces, areas in which teams work, and spaces in which people can meet informally and ultimately promote a sense of community. Colour-coding is the basis for differentiating between individual departments. One colour was paired with visual elements to create a theme, promoting associative thinking. Objects in the blue area refer to water and snow. The architects did not receive any kind of corporate design parameters. However, the international diversity of the company – 50 nations are represented in Zürich alone – was to be embodied in the décor.

Google EMEA Engineering Hub, Zürich

Googles Selbstverständnis ist unkonventionell – so sollten auch Konzept und Gestaltung der neuen Niederlassung in Zürich sein. Kreativität, Lösungsorientierung und Dynamik werden mit diesem Selbstverständnis in Verbindung gebracht, und ein entsprechendes Arbeitsumfeld fördert diese Eigenschaften. Die Mitarbeiter plädierten für gemeinschaftlich zu nutzenden Raum: Bereiche in denen man in Teams arbeitet, und solche, in denen man zwanglos zusammenkommt und damit letztlich wieder Gemeinschaftssinn fördert. Eine Farbkodierung ist die Grundlage zur Unterscheidung der einzelnen Abteilungen. Einer Farbe wurden dann bildliche Elemente zugeordnet und daraus ein Thema gestaltet, um somit assoziatives Denken zu fördern. Im blauen Bereich verweisen die Objekte auf Wasser und Schnee. Die Architekten erhielten keinerlei Corporate-Design-Vorgaben. Allerdings sollte die Internationalität des Unternehmens – in Zürich sind allein 50 Nationen vertreten – in den Ausstattungsthemen zum Ausdruck kommen.

Google EMEA Engineering Hub, Zurich

L'image de Google est tout sauf classique. Le concept et l'aménagement de la nouvelle succursale de Zurich se devaient de l'être également. Cette image est associée à la créativité, à un esprit axé sur la recherche de solutions et au dynamisme, et un environnement de travail adapté favorise ces qualités. Le personnel avait demandé des espaces communs, où l'on pourrait travailler en équipe, et où les gens pourraient se réunir informellement. Des espaces qui en fin de compte encourageraient un esprit communautaire. Le code couleurs permet de différencier les services. Chaque couleur a été associée à des éléments visuels pour créer un thème et favoriser la pensée par associations. Dans la zone bleue, les objets font référence à l'eau et à la neige. Google n'a donné aux architectes aucune instruction particulière en matière de style. En revanche, le décor devait transmettre la diversité internationale de l'entreprise (50 nations représentées à Zurich).

Whoever is in a hurry or wants to have fun can get to a lower floor by way of a fire-escape slide.

Wer es eilig hat oder Spaß haben möchte, kann über Feuerrutschen in ein tieferes Stockwerk wechseln.

Ceux qui sont pressés, ou qui veulent s'amuser, peuvent descendre grâce au mât de pompiers.

No one would guess that the new Google world is located inside a conventional office building based on the interior.

Dass sich die neue Google-Welt in einem konventionellen Bürohaus befindet, würde angesichts der Innenräume niemand vermuten.

En voyant l'intérieur, personne ne pourrait deviner que le nouvel univers de Google se cache dans un immeuble de bureaux des plus classiques.

Many display objects, for example the original ski gondolas, relate to the area of leisure and sport.

Viele Ausstattungsobjekte, wie beispielsweise die originalen Ski-gondeln, verweisen in den Bereich von Freizeit und Sport.

De nombreux objets de décoration, par exemple les cabines de ski originales, évoquent les loisirs et le sport.

David Chipperfield

Rena Lange Headquarters, Munich

The new Rena Lange headquarters consolidates in one building the different functions of the international clothing design company, previously spread over several different locations in the city. The new headquarters, a compact cubic building with a black rendered façade, is surrounded by an undulating landscaped space. Offices, ateliers, the showroom, storage, and outlet facilities are distributed over three floors. The atelier character of the building is emphasised by the large sash windows. Light-coloured and simple materials - polished screed flooring, white walls and white wooden furniture - are used for the interior, creating a bright and open atmosphere. The decision for a completely black cladding is a radical under-statement; the simple black and white contrast between exterior and interior appears elegant to "cool". An awareness of texture is visible in the matte finish of the façade.

Rena Lange Headquarters, München

Mit dem Neubau der Firmen-zentrale im Norden Münchens vereint das Unternehmen Rena Lange erstmals alle Bereiche seines Modeimperiums unter einem Dach. Das neue Gebäude mit seinen reduzierten kubischen Formen und der schwarzen Putz-fassade, liegt zwischen den sanften Hügeln einer gepflegten Außenanlage. Der langgestreckte Bau nimmt in drei Geschossen Büros, Ateliers, einen Showroom , das Lager und einen Outlet-bereich auf. Der Ateliercharakter des Gebäudes wird durch große Schiebefenster unterstrichen. Innen verarbeitete man helle, einfache Materialen, die eine zurückhaltend lebhafte Ober-flächenstruktur zeigen: ge-schliffene Estrichböden, weiß gespachtelte Wände und weiße Holzmöbel. Die Entscheidung für eine komplett schwarze Gebäude-hülle ist ein radikales Understate-ment; der schlichte Schwarz-Weiß-Kontrast zwischen Außen und Innen wirkt dabei elegant bis „cool". Ein Bewusstsein für Texturen zeigt sich in dem mat-ten Finish der Fassade.

Siège de Rena Lange, Munich

Le nouveau siège de Rena Lange à Munich réunit sous un même toit les différentes fonctions de cet empire de la mode pour la première fois. Le bâtiment cubique et compact s'allonge avec sa façade noire au milieu des courbes ondoyantes d'un espace paysagé. Ses trois étages accueillent les bureaux, les ateliers, un showroom, l'entrepôt et la boutique d'usine. Les grandes fenêtres coulissantes accentuent la ressemblance du bâtiment avec un atelier. Des matériaux clairs et simples à la texture discrète et vivante sont utilisés à l'intérieur : parquet poli, murs enduits de blanc et meubles en bois blancs. Le choix d'un extérieur complètement noir est d'une sobriété radicale. La simplicité du contraste entre noir et blanc à l'extérieur et à l'intérieur donne au bâtiment élégance et modernité. La finition mate de la façade témoigne d'une sensibilité aux textures dans ce projet.

A generous, leafy interior courtyard is situated at second floor level.

Von der zweiten Etage aus kommt man auf einen großzügigen geschlossenen Hof mit üppiger Bepflanzung.

Du deuxième étage, on accède à une cour intérieure généreuse pourvue d'une végétation abondante.

The façades of the interior courtyard are white, in contrast to the black exterior façades.

Die Innenhoffassaden sind weiß, im Gegensatz zu den schwarzen Außenfassaden.

Les façades de la cour intérieure sont blanches, en contraste avec les façades extérieures noires.

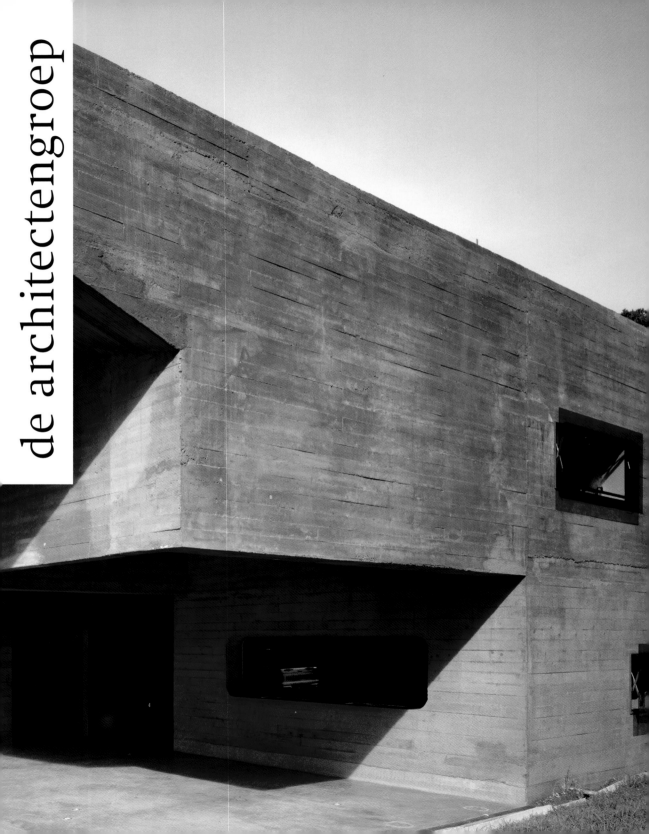

de architectengroep

Dutch Embassy in Addis Ababa

Dick van Gameren and Bjarne Mastenbroek designed this building during their time with firm "de architectengroep". The architecture speaks to the senses. Its compactness and the low-slung form give it weight and calm. One would like to touch its raw surface – its earth-red colour contrasts especially nicely with the green woods. In the hot climate of Ethiopia, its rooms promise cool and shade. As such, the building is comparable to the country's cave churches of the Middle Ages, which the architects did in fact use as inspiration. In the embassy park they poured an image of Ethiopia, each using red-pigmented in-situ concrete. Traces of the lining board blend with the casting moulds in individual forms. In some places, Coptic crosses are integrated into the surface. The roof relief was created in the style of a 'polder' landscape, although its depressions are only seldom filled with rainwater.

Niederländische Botschaft in Addis Abeba

Dick van Gameren und Bjarne Mastenbroek haben das Gebäude während ihrer Zeit bei de architectengroep entworfen. Die Architektur spricht die Sinne an. Ihre Massivität und die flach lagernde Form geben ihr Gewicht und Ruhe. Ihre rauhe Oberfläche möchte man berühren, ihr erdroter Farbton hebt sich besonders schön vor dem grünen Wald ab. Im heißen Klima Äthiopiens versprechen ihre Räume Kühle und Schatten. Darin ist der Bau den mittelalterlichen Höhlenkirchen des Landes vergleichbar, von denen sich die Architekten tatsächlich inspirieren ließen. Im Park der Botschaft haben sie eine Imagination von äthiopischer Erde mit rot pigmentiertem Ortbeton in Form gegossen. Die Spuren der Schalbretter passen zu den Einzelformen des Gusskörpers. An manchen Stellen sind koptische Kreuzsymbole in die Oberfläche integriert. Das Dachrelief wurde in Anlehnung an eine Polderlandschaft gestaltet. Doch nur selten füllen sich seine Vertiefungen mit Regenwasser.

Ambassade néerlandaise à Addis Abeba

Dick van Gameren et Bjarne Mastenbroek ont conçu ce bâtiment lorsqu'ils travaillaient chez le cabinet d'architectes « de architectengroep ». Son architecture parle aux sens. Sa massiveté et sa forme rasante lui confèrent du poids et une impression de calme. On a envie de toucher sa surface brute, dont la couleur de terre rouge crée un beau contraste avec le vert des bois environnants. Sous le chaud climat éthiopien, ses pièces promettent fraîcheur et ombre. En cela, le bâtiment est comparable aux églises troglodytes éthiopiennes du Moyen Âge, dont les architectes se sont d'ailleurs inspirés. Dans le parc de l'ambassade, ils ont donné forme à une représentation de la terre éthiopienne avec du béton pigmenté de rouge et coulé en place. Les traces des planches de soutien se fondent avec les formes individuelles du corps coulé. En certains endroits, des croix coptes sont intégrées à la surface du bâtiment. Le relief du toit a été créé dans le style d'un paysage de polder, mais il se remplit rarement d'eau de pluie.

The block is 14 m wide and 140 m long.

Der Gebäuderiegel ist 14 m breit und 140 m lang.

Le bâtiment fait 14 mètres de large et 140 mètres de long.

The distribution and shape of the window openings and patios appear accidental and emphasise the building's sculptural character.

Verteilung und Form der Fenster-öffnungen und Patios erscheinen zufällig und unterstreichen noch den skulpturalen Charakter des Baus.

La distribution et la forme des fenêtres et des cours intérieures semblent accidentelles et soulignent encore le caractère sculptural du bâtiment.

The walls on the inside also remain unplastered. The red concrete floor was polished.

Auch innen blieben die Wände unverputzt. Der rote Betonfußboden wurde poliert.

Les murs sont également bruts à l'intérieur. Le sol en béton rouge a été poli.

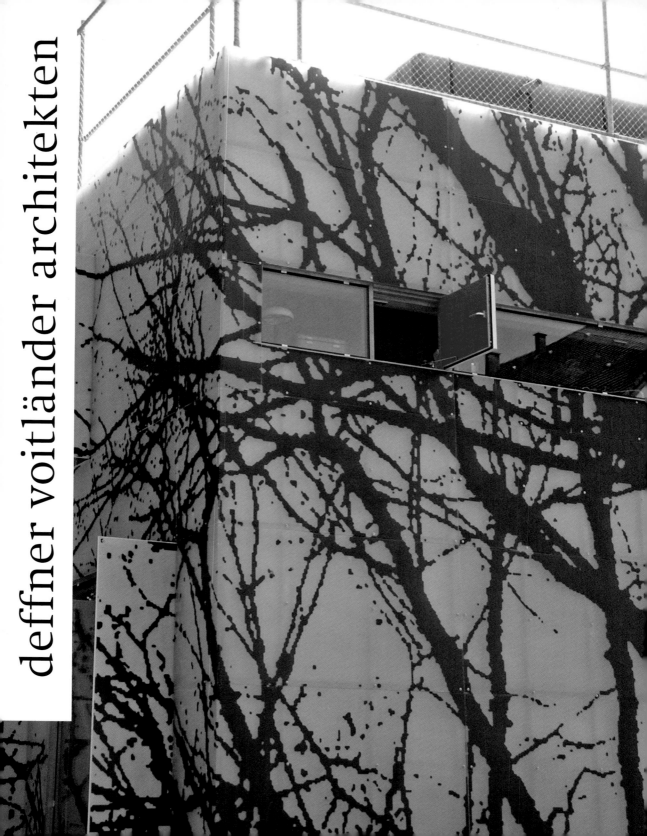

deffner voitländer architekten

dv Studio House

The private residential home and office building is situated in the heart of the historic section of Dachau (Germany). An ancient Linden tree forms the focus of a newly composed inner city square. All living areas are directed towards the east – using the tree as an orientation point. A projection of the winter Linden tree unwinds itself around the building. Copy, reality, shadow and mirror image overlap, forming a collage. Within the collage the house and the tree visually merge. The image is printed onto a special kind of paper and is inlayed – like a tattoo – into the panels of translucent epoxy-glass resin.

dv Atelierhaus

Das Wohn- und Bürohaus liegt im Kern der Altstadt von Dachau (Deutschland). Die uralte Linde auf dem Grundstück bildet den Mittelpunkt eines neu gefassten, innerstädtischen Platzes. Alle Aufenthaltsräume orientieren sich nach Osten zum Baum. Eine Projektion der winterlichen Linde legt sich als Abwicklung um das Haus herum. Abbild, Wirklichkeit, Schattenwurf und Spiegelbild überlagern sich zu einer Collage, in der Haus und Baum optisch miteinander verschmelzen. Das auf Spezialpapier gedruckte Motiv liegt zwischen den Paneelen aus transluzentem, glasfaserverstärktem Kunststoff. Es wirkt in dieser durch unterschiedlichen Lichteinfall schimmernden Gebäudehaut wie ein Tattoo.

Maison-atelier dv

Cette maison qui abrite une résidence et un espace professionnel se trouve au cœur de la vieille ville de Dachau (Allemagne). Un vénérable tilleul constitue la pièce centrale d'une place urbaine récemment aménagée devant. Tous les espaces de séjour sont orientés à l'est, vers l'arbre. Une projection du tilleul hivernal s'enroule autour de la maison, et la copie, la réalité, l'ombre et le reflet de miroir se superposent pour former un collage où l'arbre et la maison fusionnent visuellement. Le motif imprimé sur un papier spécial est pressé entre deux panneaux de plastique transparent renforcé de fibres de verre. Avec les caprices de la lumière, la « peau » extérieure du bâtiment semble avoir été tatouée.

The theme on the inside is aesthetics of the rawness of the building, which is reflected in the surfaces of fair-faced concrete and the cast plaster floor. It shows a kind of "controlled imperfection".

Innen vermittelt die Rohbau-ästhetik mit unbehandelten Sicht-betonflächen und Estrichböden „kontrollierte Imperfektion".

À l'intérieur, l'esthétique inachevée, avec ses surfaces de béton brut et ses parquets polis, véhicule une notion « d'imperfection contrôlée ».

Many functional details show an original design.

Viele zweckmäßige Details zeigen ein originelles Design.

Les nombreux détails pratiques dénotent un concept original.

The red surfaces visible when the shutters are open are in strong, complementary contrast to the glass green shade of the façade.

Die roten Flächen, die bei geöffneten Fensterläden zum Vorschein kommen, stehen in kräftigem, komplementärem Kontrast zur glasgrünen Tönung der Fassade.

Les surfaces rouges qui apparaissent lorsque les volets sont ouverts créent un contraste fort et complémentaire avec la façade vitrée verte.

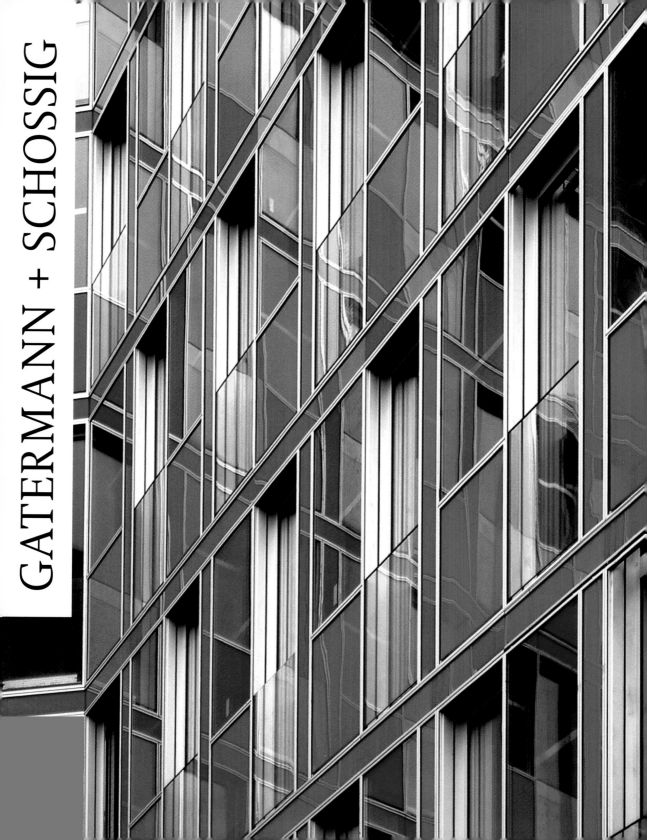

GATERMANN + SCHOSSIG

Capricorn Building, Düsseldorf (Germany)

The Capricorn Building constitutes a new entrance at the southern end of Düsseldorf harbour. Large, building-high glazed galleries create the framework for a customised office world in the compact block. The uniqueness of the concise new building with its red glass panels lies primarily in the i-module façade the architects developed. The need for efficient sound insulation as a result of the location led to the initial use of this multifunctional façade element. It is equipped with its own air-conditioning system for cooling, heating and heat recapture. Lighting and particularly noise absorption and acoustic elements are also integrated. The product received the Innovation Prize from *AIT* magazine and *xia intelligente Architektur*.

Capricorn-Gebäude, Düsseldorf (Deutschland)

Das Capricornhaus bildet ein neues Entrée am südlichen Ende des Düsseldorfer Hafens. Große, gebäudehoch verglaste Hallen schaffen in dem kompakten Gebäudeblock den Rahmen für eine individuelle Bürowelt. Die Besonderheit des prägnanten Neubaus mit seinen roten Glaspaneelen liegt vor allem in der von den Architekten entwickelten i-modulFassade. Die durch die Lage bedingte Notwendigkeit zu effizientem Schallschutz führte zur erstmaligen Anwendung dieses multifunktionalen Fassadenelements. Es ist ausgestattet mit einem eigenen Lüftungssystem zum Kühlen, Heizen und zur Wärmerückgewinnung. Beleuchtungs- und insbesondere Schallabsorptions- und Raumakustikelemente sind ebenfalls fertig integriert. Das Produkt erhielt den Innovationspreis der Zeitschriften AIT und xia intelligente Architektur.

Immeuble Capricorne, Düsseldorf (Allemagne)

L'immeuble Capricorne est une nouvelle porte du port de Düsseldorf, à l'extrémité sud. Dans ce bloc compact, de grandes salles vitrées de la hauteur du bâtiment forment le cadre d'un ensemble individualisé de bureaux. La particularité de cet édifice concis avec ses panneaux de verre rouge se trouve avant tout dans sa façade à i-modules. L'emplacement requérait une isolation phonique efficace, et c'est ce qui a motivé l'emploi de ces éléments de façade multifonctionnels. Ils sont équipés de leur propre système d'air conditionné pour rafraîchir, chauffer et récupérer la chaleur. L'éclairage et, en particulier, l'absorption des sons, sont également intégrés. Ce produit a été récompensé par le Prix de l'innovation des magazines AIT et xia intelligente Architektur.

The façade is completely pre-fabricated as a modular façade and is the rational further development of an integral façade.

Die Fassade wird als Modulfassade komplett vorgefertigt und ist die konsequente Weiterentwicklung einer Integralfassade.

La façade est entièrement préfabriquée et modulaire, et constitue le développement logique d'une façade intégrale.

"Kontor 19" Officebuilding Rheinau Harbour, Cologne

The new building the architects completed at Rheinau Harbour in Cologne achieves its effect primarily from the exciting contrast between the opaque aluminium panels and the transparent glass surfaces of the façade. The unique thing about the aluminium elements produced in New Zealand is the embossed graphic structure made with a special etching and anodising process which gives the building a new appearance – from dark grey to gold – depending on the time of day, weather and the observer's point of view.

Kontor 19, Rheinauhafen, Köln

Seine Wirkung bezieht der im Rheinauhafen Köln von den Architekten fertiggestellte Neubau vor allem aus dem spannungsreichen Kontrast zwischen den geschlossenen Aluminiumpaneelen und den transparenten Glasflächen der Fassade. Das Besondere an den in Neuseeland hergestellten Aluminiumelementen ist die durch ein spezielles Ätz- und Eloxierverfahren eingeprägte grafische Struktur, die dem Gebäude je nach Tageszeit, Wetter und Blickwinkel des Betrachters ein neues Erscheinungsbild verleiht – von Dunkelgrau bis Gold.

Immeuble « Kontor 19 », port de Rheinau, Cologne

Le nouveau bâtiment que les architectes ont érigé dans le port de Rheinau à Cologne produit son effet par la richesse du contraste entre les panneaux opaques en aluminium et les surfaces vitrées de la façade. La particularité des éléments en aluminium fabriqués en Nouvelle-Zélande est leur texture graphique obtenue grâce à un procédé spécial de gravure et d'anodisation, qui confère au bâtiment un aspect changeant, du gris foncé au doré, selon le moment de la journée, le temps qu'il fait ou le point de vue de l'observateur.

The windows have got daylight-directing, highly reflective retro blinds as sun protection.

Die Fenster haben innen zentral gesteuerte, tageslichtlenkende, hochreflektierende Retro-lamellen.

Les fenêtres sont dotées de stores réfléchissants, qui dirigent la lumière du jour et protègent du soleil.

The simple structure is situated between the harbour master's office engine shed and historical Bayen Tower, whose battlements are reflected in the new façade.

Der schlichte Baukörper reiht sich zwischen dem Lokschuppen des Hafenamtes und dem histori-schen Bayenturm ein, dessen Zinnenkranz sich in der neuen Fassade spiegelt.

Cet édifice à la structure simple est situé entre le hangar à moteurs du bureau portuaire et la tour historique de Bayen, dont les créneaux se reflètent dans la nouvelle façade.

Herzog & de Meuron

Laban Dance Centre, London

A delicate, pastel colour design in light pink, light turquoise and lime green gives the interior a friendly, light atmosphere. The façade carries the same colours – there, however, they are only dimly perceived from behind a veil of matte translucent polycarbonate. The media for the colour are bicolour aluminium panels. The changeable optics has repeatedly led to poetic descriptions of the building, such as "a rainbow made substantial". The artist Michael Craig-Martin developed the colour concept with the architects and in addition applied it to several murals inside. It elucidates a sort of walkway and orientation system through the building. In addition, it refers to the dance teacher Laban's many-faceted ideas and symbolises different dance disciplines. During the day the silhouettes of the dancers glisten through the building's skin; at night the structure shimmers like mother of pearl.

Laban-Tanzzentrum, London

Eine zartes, pastelliges Farbdesign in Rosa, hellem Türkis und Lindgrün verleiht den Innenräumen eine freundliche, leichte Atmosphäre. Die gleichen Farbtöne trägt auch die Außenfassade – sie sind dort jedoch hinter einem Schleier aus matt durchsichtigem Polykarbonat nur zu erahnen. Träger der Farbe sind Bicolor-Aluminiumpaneele. Die changierende Optik hat immer wieder zu poetischen Beschreibungen des Gebäudes, beispielsweise als „stofflich gewordener Regenbogen", geführt. Der Künstler Michael Craig-Martin hat zusammen mit den Architekten das Farbkonzept entwickelt und es zudem auf einigen Wandgemälden in den Innenräumen umgesetzt. Es verdeutlicht eine Art Wege- und Orientierungssystem durch das Gebäude. Zudem bezieht es sich auf die Vielfalt der Konzepte des Tanzlehrers Laban und symbolisiert unterschiedliche Tanzdisziplinen. Tagsüber scheinen die Silhouetten der Tänzer durch die Gebäudehaut; nachts schimmert das Haus wie Perlmutt.

Centre de danse Laban, Londres

Une palette de couleurs délicate en rose, turquoise clair et vert citron donne aux espaces intérieurs une atmosphère légère et conviviale. La façade porte les mêmes couleurs, mais on ne les perçoit qu'atténuées, derrière un voile de polycarbonate mat et translucide. Elles sont appliquées sur des panneaux d'aluminium bicolores. Ses effets optiques changeants ont suscité des descriptions poétiques du bâtiment, qui a été qualifié « d'arc-en-ciel matérialisé ». L'artiste Michael Craig-Martin a créé le concept chromatique en collaboration avec les architectes, et l'a en outre appliqué à plusieurs peintures murales dans les espaces intérieurs. Ce concept crée une sorte de système d'orientation dans le bâtiment. Il fait de plus référence aux multiples facettes des idées du professeur de danse Laban, et symbolise différentes disciplines du monde de la danse. Pendant la journée, la coque du bâtiment laisse deviner les silhouettes des danseurs. La nuit, elle luit comme de la nacre.

The dance centre is not open to the public. However, one can take tours to become acquainted with the artistically valuable building.

Das Tanzzentrum ist nicht öffentlich zugänglich. Man kann jedoch an Führungen teilnehmen, um das künstlerisch hochwertige Gebäude kennenzulernen.

Le centre de danse n'est pas ouvert au public. On peut cependant en faire une visite guidée pour connaître cet édifice de grande valeur artistique.

Küppersmühle Museum, Duisburg (Germany)

The conversion of the former mill in Duisburg Harbour into the new home of the Grote art collection progressed cautiously and left the 100-year-old building for the most part in its original form. However, a stairwell was added as a new separate structure and in its structural character it seems like a work of art itself. The stair tower is so monumental it is almost reminiscent of a church interior. The spiral staircase twists upwards in an asymmetrical oval. The walls and staircase, both massively thick, are made of in-situ concrete. The impression of the spiral staircase's complex timber framework was left intentionally. The entire interior is stained the same reddish terracotta shade on the walls integrated into a loam rendering finish. The uniform colour reinforces the impression of a space hewn from a massive block.

Museum Küppersmühle, Duisburg (Deutschland)

Die Verwandlung der ehemaligen Mühle im Duisburger Hafen in das neue Zuhause der Kunstsammlung Grote vollzog sich behutsam und beließ das 100 Jahre alte Gebäude im Wesentlichen in seiner ursprünglichen Form. Hinzu kam allerdings ein Treppenhaus, das als abgegrenzter neuer Baukörper und in seinem skulpturalen Charakter selbst wie ein Kunstwerk wirkt. Der Treppenturm ist so monumental, dass er fast an einen Kircheninnenraum erinnert. In einem asymmetrischen Oval schraubt sich die Wendeltreppe nach oben. Wände und Aufgang, beide in massiver Wandstärke, bestehen aus Ortbeton. Der Abdruck der komplizierten Holzschalung der Treppenschnecke blieb absichtlich erhalten. Der gesamte Innenraum ist im gleichen rötlichen Terrakottaton eingefärbt, an den Wänden eingebunden in ein Lehmputzfinish. Die einheitliche Farbe verstärkt den Eindruck eines aus einem massiven Block ausgehöhlten Raums.

Musée Küppersmühle, Duisbourg (Allemagne)

La reconversion de l'ancien moulin du port de Duisbourg en siège de la collection d'art Grote a été exécutée prudemment et a préservé l'essence de la forme originale de cet édifice centenaire. Une cage d'escalier a cependant été ajoutée sous la forme d'un bâtiment indépendant, dont la structure elle-même semble être une œuvre d'art. Cette tour est si monumentale qu'elle rappelle presque l'intérieur d'une église. Les marches en spirale se déroulent vers le haut en formant un ovale asymétrique. Les murs et l'escalier, massifs et épais, sont faits de béton coulé en place. La trace du coffrage complexe en bois de l'escalier en spirale a été préservée intentionnellement. Tout l'intérieur est teinté dans la même couleur terre cuite, intégrée dans un enduit à l'argile sur les murs. La couleur uniforme renforce l'impression que l'espace a été creusé dans un bloc massif.

The light from the narrow window vaguely illuminates the space. A few sconce light fixtures glow dimly from wall niches.

Das Licht aus dem Fensterschlitz erleuchtet den Raum nur vage. Einige Leuchtobjekte schimmern matt in Wandnischen.

La lumière qui entre par les fenêtres étroites éclaire faiblement l'espace. Quelques luminaires luisent doucement dans des niches murales.

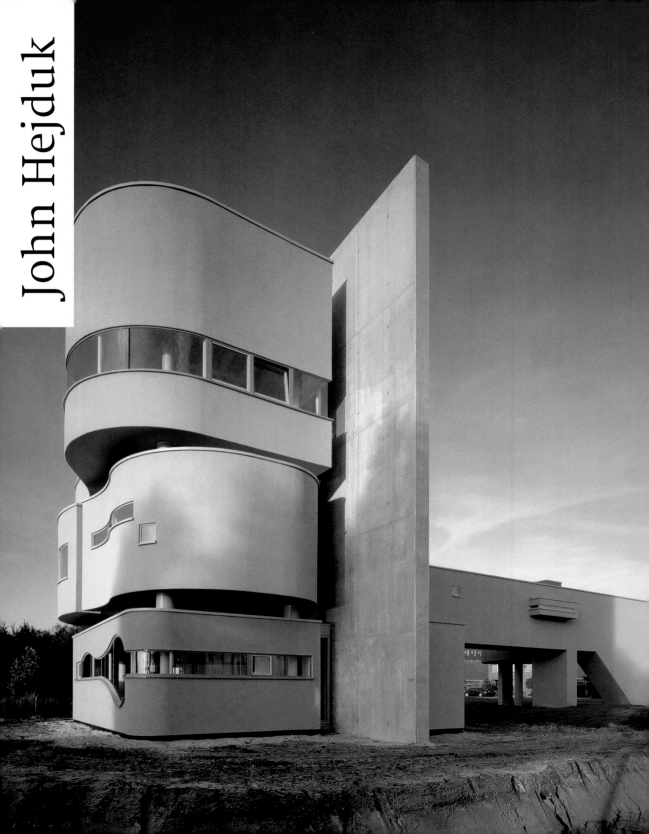

John Hejduk

The Wall House #2, Groningen (The Netherlands)

The idea behind this house is an architectural statement and its use by residents would have been a challenge had an art endowment not moved in after completion so the living experiment could not take place. The goal of the formal and colour-coded arrangement of the building elements was to very clearly delineate the individual areas from one another. An 18 m high and 14 m long wall is the point-of-origin anchor for all of the rooms. It is a simple symbol for architecture and in this case separates the undulating living rooms on one side from the utility rooms on the other, each built from basic geometric shapes. It is the architect's only residential development. He began the plans in the 1970s when he was working with Cubist art. Cubism's principle of the segmentation and warping of forms is similar to Hejduk's technique of reverse-drawing the building.

The Wall House #2, Groningen (Niederlande)

Die Idee zu diesem Wohnhaus ist ein architektonisches Statement, und die Nutzung wäre für die Bewohner eine Herausforderung – allerdings hielt hier nach der Fertigstellung eine Kunststiftung Einzug, und so konnte das Wohnexperiment nicht stattfinden. Ziel der formalen und farblichen Anordnung der Gebäudeelemente war es, die einzelnen Bereiche ganz deutlich voneinander abzuheben. Eine 18 m hohe und 14 m lange Mauer bildet den Ausgangspunkt und die Verankerung aller Räume. Sie ist ein einfaches Symbol für Architektur und trennt in diesem Fall die wellenförmigen Wohnräume auf der einen von den Zweckräumen auf der anderen Seite, die jeweils aus geometrischen Grundformen aufgebaut sind. Es ist der einzige Wohnhausbau des Architekten. Er hatte mit den Entwürfen in den 1970er-Jahren begonnen, als er sich mit der Kunst des Kubismus beschäftigte. Dessen Prinzip der Zerlegung und Auffaltung von Formen ähnelt Hejduks Verfahren, das Gebäude nach außen zu stülpen.

The Wall House #2, Groningue (Pays-Bas)

L'idée qui est à l'origine de cette maison est un concept architectural, et son utilisation comme résidence par des particuliers aurait été un vrai défi. Mais à la fin du chantier c'est une fondation artistique qui a emménagé, et l'expérience résidentielle n'a jamais eu lieu. L'objectif de l'agencement formel et codé par couleur des éléments de construction était de distinguer très clairement les différents espaces les uns des autres. Un mur de 18 mètres de haut et de 14 mètres de long est le point d'ancrage et d'origine de toutes les pièces. C'est un symbole simple de l'architecture et, ici, il sépare les pièces à vivre ondulantes d'un côté, et les pièces utilitaires de l'autre, chacune construite sur une forme géométrique de base différente. C'est le seul projet résidentiel de cet architecte. Il en avait commencé les plans dans les années 1970, alors qu'il travaillait sur l'art cubiste. Le principe cubiste de la décomposition et du déploiement des formes est similaire à la technique que Hejduk a utilisée pour dessiner le bâtiment de l'intérieur vers l'extérieur.

One does not need to first enter the building; rather, one understands its spatial structure at one go.

Dieses Gebäude ist so angelegt, dass man seine Raumstruktur schon von außen auf Anhieb erfasst.

Pour aborder cet édifice, il n'est pas besoin d'y pénétrer, on appréhende sa structure spatiale d'emblée.

Between the individual elements there is even free space; between the wall and the 'room', and also between the individual 'floors'.

Zwischen den einzelnen Elementen ist sogar freier Raum; zwischen der Mauerwand und den „Zimmern" und auch zwischen den einzelnen „Etagen".

Il y a aussi de l'espace libre entre les éléments individuels, entre le mur et les « pièces », ainsi qu'entre les différents « étages ».

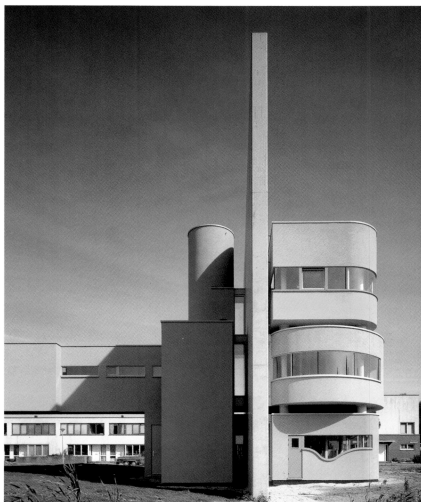

The red room at the end of the long catwalk was envisioned as a workroom. Its form is similar to the living rooms, yet it is visibly set apart.

Der rote Raum am Ende des langen Stegs war als Arbeitsraum vorgesehen. Seine Form ähnelt den Wohnräumen, jedoch ist er deutlich auf Distanz gesetzt.

La pièce rouge située à l'extrémité de la longue passerelle a été conçue comme un lieu de travail. Sa forme est similaire à celle des autres éléments, pourtant elle en est clairement séparée.

Steven Holl

University of Iowa Department
of Art and Art History
(USA)

Steven Holl represents the inter-
section of his profession with the
visual arts through two elements:
colour and surface. He decided on
a single colour, choosing the one
with perhaps the greatest intensity, i.e., red. But perhaps his
choice of materials was the starting point. Iron, or rather steel,
which is often worked two-dimen-
sionally in modern sculpture,
makes a powerful impression
both in conjunction with reddish/
brown lead-oxide red and also in
the rust red of a corrosive state.
Colour and surface are the bind-
ing elements of an otherwise
highly multifaceted complex of
buildings. Holl continues this
principle inside. Only the glazed
surface makes a closed space of
the steel structure, whereby the
relative immateriality of glass in
contrast to the materiality of iron
recedes.

Fakultät für Kunst und Kunst-
geschichte der Universität Iowa
(USA)

Die Schnittmenge seines Metiers
mit der bildenden Kunst stellt
Steven Holl an diesem Gebäude
mit zwei Elementen dar: mit dem
Element der Farbe und mit dem
der Fläche. Er entscheidet sich für
nur eine Farbe, wählt allerdings
diejenige mit der wohl stärksten
Intensität, nämlich Rot. Vielleicht
war aber auch seine Materialwahl
der Ausgangspunkt. Eisen bzw.
Stahl, die in der modernen Skulp-
tur oft flächig verarbeitet werden,
entfalten sowohl im Zusammen-
hang mit rotbräunlicher Mennige
als auch im Rostrot des korrodier-
ten Zustandes eine kraftvolle Wirkung. Farbe und Fläche sind die
verbindenden Elemente eines
ansonsten höchst vielfältig gestal-
teten Gebäudekomplexes. In den
Innenräumen setzt Holl dieses
Prinzip fort. Nur die verglasten
Flächen machen aus dem Stahlge-
bilde ein geschlossenes Volumen,
wobei die verhältnismäßige Im-
materialität von Glas sich gegenüber der Stofflichkeit des Eisens
zurücknimmt.

Faculté d'art et d'histoire de
l'art de l'université de l'Iowa
(Ètats-Unis)

Steven Holl représente l'intersec-
tion de son métier avec les arts
visuels à travers deux éléments :
la couleur et la surface. Il s'est
décidé pour une couleur unique,
celle qui a peut-être la plus grande
intensité, c'est-à-dire le rouge.
Mais c'est peut-être le choix des
matériaux qui est à l'origine de
cette décision. Le fer et l'acier,
qui sont souvent travaillés en
deux dimensions dans la sculpture moderne, s'épanouissent
dans le brun-rouge de la peinture
à l'oxyde, ou bien dans la couleur
rouille de leur état corrodé.
La couleur et la surface sont
les éléments qui unifient un
complexe de bâtiments par
ailleurs très éclectique. Holl a
appliqué le même principe à
l'intérieur. Seules les surfaces
vitrées ferment le volume de la
structure en acier, et la relative
immatérialité du verre recule
devant la matérialité du fer.

Irregular contours run into one another. Edges run slantwise and protrude, seeming like leftovers.

Unregelmäßige Umrissformen stoßen aneinander, Kanten verlaufen schräg, stehen über und wirken wie Reststücke.

Les contours irréguliers se rencontrent. Les arêtes courent en biais et font saillie, et semblent être des restes qui n'ont pas été ébarbés.

Steel rivets remain visible and draw the eye to the smoothly lacquered surfaces.

Stahlnieten bleiben sichtbar und lenken den Blick auf die lackierten glatten Oberflächen.

Les rivets d'acier sont visibles, et conduisent le regard vers les surfaces laquées.

Only on second glance does one notice different shades of red, changing between the rusty corten-steel surfaces on the one hand and the lacquered metal surfaces on the other.

Erst auf den zweiten Blick bemerkt man unterschiedliche Rottöne, changierend zwischen den rostigen Corten-Stahlflächen auf der einen und den lackierten Metallflächen auf der anderen Seite.

Ce n'est qu'en regardant d'un peu plus près que l'on distingue les différentes nuances de rouge, qui changent entre les surfaces d'acier Corten rouillées et les surfaces métalliques laquées.

Kresing Architekten

Freiherr vom Stein School, Münster (Germany)

Buildings and outside facilities flow together as a unified whole. The plan development is based on the idea of school as a place to cultivate sensual experiences. A broad periphery surrounding the school is divided into areas for different single uses (teaching garden, mixed fruit orchard, sports facilities and car parks up to the public green spaces) that conform to the rhythm of the whole. The colouring in the main green colour runs in a wave motion and with different shades through the parts of the building. It flows in from and back out to nature. Interior and exterior melt into each other. A new understanding of school emerges – it is not about education in a limited domain, but rather about fundamental cultural growth.

Freiherr-vom-Stein-Schule, Münster (Deutschland)

Gebäude und Außenanlagen fließen zu einem Gesamtbild zusammen. Die Planentwicklung basiert auf der Vorstellung von Schule als einem sinnlich erfahrbaren Bildungsgarten. Ein breites Umfeld der Schule ist in differenzierte Felder für verschiedene Einzelnutzungen untergliedert (Lehrgarten, Obstwiese, Sportanlagen, Stellplätze bis hin zu den öffentlichen Grünanlagen), die sich dem Rhythmus des Ganzen unterwerfen. Die Farbgebung in der Konzentrationsfarbe Grün verläuft in Wellenbewegungen und mit verschiedenen tonalen Abstufungen durch die Gebäudeteile. Sie fließt ein aus der Natur und in sie zurück. Innen und außen verschmelzen miteinander. Es entsteht ein neues Verständnis von Schule – es geht nicht um Bildung, die kein ausgegrenzter Bereich ist, als abgegrenzter Bereich, sondern um elementares kulturelles Wachsen.

École Freiherr vom Stein, Münster (Allemagne)

Les bâtiments et les installations extérieures composent un ensemble homogène. Le projet a été conçu à partir de l'idée que l'école est un endroit où l'on cultive les expériences sensorielles. Autour de l'école, un large périmètre est divisé en zones consacrées à différentes utilisations (jardin pédagogique, verger, installations sportives et places de stationnement jusqu'aux espaces verts publics) qui se soumettent au rythme de l'ensemble. La couleur dominante verte court à travers les différentes parties du bâtiment dans un mouvement ondulant en adoptant différentes nuances. Elle semble arriver directement de la nature. L'intérieur et l'extérieur se fondent l'un dans l'autre. Il en émerge un nouveau concept d'école. Il ne s'agit plus d'éducation dans un domaine limité, mais plutôt d'une croissance culturelle fondamentale.

This school is green – in fact, consistently green.

Diese Schule ist grün – und zwar konsequent grün.

Cette école est verte, et même résolument verte.

The unmistakable exterior represents a special concept of school translated into architecture.

Das unverwechselbare Äußere steht für ein besonderes, in Architektur umgesetztes Schulkonzept.

L'aspect extérieur très distinctif représente une vision de l'école transposée dans l'architecture.

Mecanoo

St. Mary of the Angels Cemetery Chapel, Rotterdam

Blue is the colour of Mary, the colour of heaven and of transcendence. At least, this was its clear symbolic meaning in Christian art from the Middle Ages to the 19th century. Mary wears a blue cloak, under which she gathers those seeking protection, whose souls rise to heaven. A room completely covered in intense blue, like the chapel, commands an unusual atmosphere, even without this connotation. The blue walls encircle the room like a wave-shaped ribbon. They touch neither the floor nor the ceiling. Rather they appear to float between two strips of light – the glass strips at the base and the roof edge. The roof, or rather the entire underside of the wave roof, is gold-coloured. This is also a decidedly symbolic colour choice. Gold was an allusion to heaven and the divine before it was replaced by the colour blue in Western art.

Friedhofskapelle „Maria der Engelen", Rotterdam

Blau ist die Marienfarbe, die Farbe des Himmels und der Transzendenz. So ist sie zumindest in der christlichen Kunst vom Mittelalter bis in das 19. Jahrhundert eindeutig symbolisch zugeordnet. Maria trägt einen blauen Mantel, unter dem sie die Schutzsuchenden versammelt; deren Seelen steigen in den Himmel auf. Ein ganz in intensives Blau gekleideter Raum, wie die Kapelle, verfügt aber auch unabhängig von dieser Konnotation über eine außergewöhnliche Atmosphäre. Die blauen Wände umgeben den Raum als wellenförmiges Band. Sie berühren weder den Boden noch das Dach. Vielmehr scheinen sie zwischen zwei Lichtlinien – den Glasstreifen am Sockel und der Deckenkante – zu schweben. Die Decke, bzw. die gesamte Unterseite des Wellendachs, ist goldfarben. Auch dies eine dezidiert symbolische Farbwahl. Gold war ein Hinweis auf den Himmel und das Göttliche, bevor es in der westlichen Kunst durch die Farbe Blau ersetzt wurde.

Chapelle funéraire Sainte-Marie-des-Anges, Rotterdam

Le bleu est la couleur de Marie, la couleur du ciel et de la transcendance. C'était du moins sa signification symbolique dans l'art chrétien du Moyen Âge au XIXe siècle. Marie porte un manteau bleu, sous lequel elle accueille ceux qui recherchent sa protection et dont les âmes montent au ciel. Une pièce entièrement revêtue de bleu intense, comme cette chapelle, dégage une atmosphère extraordinaire, même sans cette connotation. Les murs bleus entourent l'espace comme un ruban ondulant. Ils ne touchent ni le sol, ni le plafond. Ils semblent plutôt flotter entre deux bandes de lumière, des bandes de verre au sol et au bord du toit. Le toit, ou plutôt toute la face inférieure du toit ondulant, est doré. Ce choix de couleur est aussi résolument symbolique. L'or était une allusion au ciel et au divin avant d'être remplacé par le bleu dans l'art occidental.

The stone foundation wall of an older chapel is the platform for the new building and an allusion to the precursor buildings of the modern consecrated room.

Die steinernen Grundmauern einer älteren Kapelle bilden das Podest für das neue Bauwerk und sind ein Hinweis auf die Vorgängerbauten des modernen Einsegnungsraums.

Le mur de fondation en pierre d'une chapelle plus ancienne fait office de podium pour le nouveau bâtiment et fait référence aux ancêtres de cet espace sacré moderne.

The organic, flowing footprint represents the transition from one world to the next.

Der organische, fließende Grundriss steht für den Übergang von der einen in die andere Welt.

Le plan au sol organique et fluide représente la transition entre notre monde et l'au-delà.

The blue walls carry texts from the funeral liturgy.

Die blauen Wände tragen Texte aus der Begräbnisliturgie.

Les murs bleus portent des textes de la liturgie funéraire.

Toneelschuur, Haarlem (Netherlands)

The Toneelschuur ("Barn Theatre") has been the most profiled performing arts building in Haarlem for decades. The theatre asked cartoonist and designer Joost Swarte to design its new home. Swarte's drawing, which is completely consistent with the style and colour palette of his comics, became the new Toneelschuur logo. Mecanoo architecten undertook the conversion to a structural form. Swarte's plan integrated the new structure harmoniously into the surroundings – the fragmented and busy Haarlem old town's great variety of shapes. He emphasises the building's multifunctionality with its two stages, two cinemas, a bistro and a bar through the use of clearly differentiated building parts. The different materials and colours are strong indicators of the differentiation. The theatre's façades in a verdigris scale pattern and in pale lilac plaster frame the glazed foyer.

Toneelschuur, Haarlem (Niederlande)

Die Toneelschur („Bühnenscheune") ist das profilierteste Haus der darstellenden Künste in Haarlem. Man hatte den Cartoonisten und Designer Joost Swarte um einen Vorschlag für einen neuen Theaterbau gebeten. Swartes Entwurfszeichnung, die ganz dem Stil und der Farbpalette seiner Comics entspricht, wurde zum neuen Logo der Toneelschuur. Mecanoo architecten übernahmen die bauliche Umsetzung. Mit dem Entwurf integriert Swarte den Neubau stimmig in das Umfeld – die Haarlemer Altstadt mit ihrer Kleinteiligkeit und Formenvielfalt. Die Multifunktionalität des Hauses mit seinen zwei Theatern, zwei Kinos, einem Bistro und einer Bar betont er durch deutlich voneinander unterschiedene Gebäudeteile. Die Differenzierung wird stark von den unterschiedlichen verarbeiteten Materialien und Farben getragen. Das kupfergrüne Schuppenmuster der Theaterfassade und die helllila verputzten Kinosäle rahmen das verglaste Foyer.

Toneelschuur, Haarlem (Pays-Bas)

Le Toneelschuur (« théâtre de la grange ») est le haut lieu des arts de la scène à Haarlem depuis des dizaines d'années. Le théâtre a demandé au dessinateur et designer Joost Swarte de créer son nouveau siège. Le dessin de Swarte, dont le style et la palette de couleurs sont les mêmes que dans ses bandes dessinées, est devenu le nouveau logo du Toneelschuur. Les architectes de Mecanoo se sont chargés de le convertir en bâtiment. Dans son plan, Swarte a intégré harmonieusement le nouvel édifice à son environnement, le vieil Haarlem aux rues étroites et aux formes très variées. Il souligne la polyvalence du bâtiment (deux théâtres, deux cinémas, un bistrot et un bar) en séparant clairement ses différentes parties. Les différents matériaux et couleurs utilisés renforcent encore cette différenciation. Au niveau de l'entrée, la façade du théâtre au motif d'écailles vert-de-gris et la salle de cinéma à l'enduit lilas clair encadrent le foyer vitré.

Brick, wood, concrete, zinc and copper were used together in the exterior area; additional materials and shades of colour are used inside.

Im Außenbereich wurden außerdem Ziegel, Holz, Beton, Zink und Kupfer kombiniert; innen kommen weitere Materialien und Farbtöne hinzu.

À l'extérieur, on a combiné la brique, le bois, le béton, le zinc et le cuivre, auxquels d'autres matériaux et d'autres couleurs viennent s'ajouter à l'intérieur.

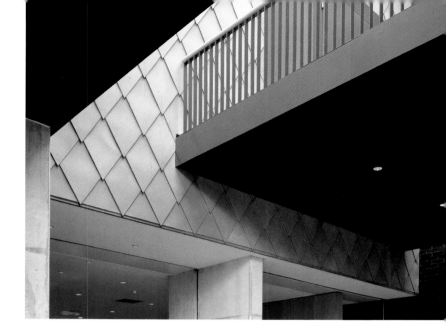

The foyer's courtyard setting offers intimacy. The glass façade simultaneously creates contact with the space in front of the theatre.

Durch seine Hofsituation bietet das Foyer Intimität. Die Glasfassade schafft gleichzeitig den Kontakt zum Raum vor dem Theater.

La cour du foyer offre une atmosphère intime. La façade vitrée crée en même temps un contact avec l'espace qui se trouve devant le théâtre.

Swarte also works as an illustrator for an Italian architecture magazine. He designs furniture, glass windows and murals.

Swarte arbeitet auch als Zeichner für ein italienisches Architektur-magazin. Er entwirft Möbel, Glasfenster und Wandmalereien.

Swarte travaille aussi comme illustrateur pour un magazine d'architecture italien. Il dessine des meubles, des fenêtres et des peintures murales.

Da Vinci College, Dordrecht (Netherlands)

Da Vinci College is part of the Dordrecht Lernpark (Learning Park) and encompasses a vocational school's nine fields of study. Every field has its own classroom buildings, whose form and building materials are very different from those of other fields. The campus also has a striking entrance building, whose colourful striped pattern is the school's trademark. The structure's powerful cylinders are reminiscent of the shapes of old city gates, and as with them, one can enter between supports on either side. The portal's three circular structures are encased in a glass shell that glows due to the integration of coloured film in red, pink, yellow, orange and white.

Da Vinci College, Dordrecht (Niederlande)

Das Da Vinci College ist Teil des Lernparks Dordrecht und umfasst neun Fachrichtungen einer Gewerbeschule. Jedes Fach hat ein eigenes Unterrichtsgebäude, dessen Form und Baumaterial sich stark von dem der anderen unterscheiden. Der Campus verfügt zusätzlich über ein auffälliges Entréegebäude, dessen buntes Streifenmuster das Markenzeichen der Schule ist. Die wuchtigen Zylinder des Baukörpers erinnern an die Formen alter Stadttore, und wie bei diesen kann man zwischen seitlichen Stützen hindurchgehen. Die drei kreisförmigen Bauvolumen des Portals werden von einer Glashülle umschlossen, die durch die Integration farbiger Folien in Rot, Rosa, Gelb, Orange und Weiß leuchtet.

Collège Da Vinci, Dordrecht (Pays-Bas)

Le collège Da Vinci fait partie du Lernpark (parc de l'enseignement) de Dordrecht et abrite les neuf filières d'une école professionnelle. Chaque filière possède son propre bâtiment de cours, très différent des autres par la forme et les matériaux. Le campus est également doté d'un bâtiment d'entrée spectaculaire, dont les rayures colorées sont le signe distinctif de l'école. Les puissants cylindres du corps de bâtiment évoquent une porte de cité à l'ancienne, et l'on peut pénétrer dans le complexe en passant entre eux. Les trois volumes circulaires du portail sont enserrés dans une coque en verre qui projette les couleurs rouge, rose, jaune, orange et blanc des films colorés qui y ont été intégrés.

Several different businesses are on the campus, in which students can gain practical work experience.

Auf dem Campus befinden sich verschiedene Unternehmen, in denen die Studenten praktische Berufserfahrung sammeln können.

Les étudiants peuvent acquérir une expérience professionnelle pratique chez les différentes entreprises qui ont élu domicile sur le campus.

The buildings of the individual fields of study with their façades of corten steel, brick, zinc and aluminium create a strong contrast to the entrance building.

Die Häuser der einzelnen Fachrichtungen bilden mit ihren Fassaden aus Corten-Stahl, Ziegeln, Zink und Aluminium einen starken Kontrast zum Entréehaus.

Avec leurs façades en acier Corten, en briques, en zinc et en aluminium, les bâtiments des différentes filières créent un contraste fort avec le bâtiment de l'entrée.

A scintillating atmosphere arises through the warm colours in the portico building.

Im Portikusgebäude entsteht durch die warmen Farben eine funkelnde Atmosphäre.

Les couleurs chaudes du bâtiment de l'entrée créent une lumière scintillante.

The interior design continues the colour palette of the glass façade.

Das Interior-Design nimmt die Farbgebung der gestreiften Glas-fassade wieder auf.

La décoration intérieure reprend les couleurs de la façade vitrée.

ABC Cooking Studio (Japan)

ABC Cooking Studios are among the most popular cooking studios among young women. They are located in every major city in Japan. Bold, attractive colours were selected and used for the interior and combined in a modern, cheerful look. They are the most important brand-recognition item for the new ABC Cooking Studio image. The cooking tables and work surfaces were custom-designed. They are intentionally spaced randomly in the room to emphasize the casual atmosphere. There is a wide variety of colours and it is common to pick a 'matching' table when serving the final dish. Plywood shelves take up one of the long sides. Their cube-shaped cubbies are made of white melamine and urethane paint. The vinyl flooring has a matte wax finish. Emmanuelle Moureaux has been designing all the ABC Cooking Studios since 2004 and the 'abc kids' studios for four- to 11-year-olds since 2005.

ABC-Kochstudio (Japan)

Die ABC Studios gehören in Japan bei jungen Frauen zu den beliebtesten Kochschulen. Es gibt sie in jeder größeren japanischen Stadt. Knallige, attraktive Farben wurden für die Interieurs ausgesucht und zu einem modernen, fröhlichen Look kombiniert. Sie sind das wichtigste Wiedererkennungsmoment des neuen ABC-Cooking-Studio-Images. Die Tische und Arbeitsplatten wurden speziell entworfen. In den Studios wurden sie wie zufällig im Raum verteilt, um eine zwanglose Atmosphäre zu unterstützen. Es gibt eine breite Farbpalette, und es ist durchaus üblich, dass man sich für das Abschlussmenü die „passende" Tischfarbe aussucht. Eine lange Regalwand aus Holzfaserplatten nimmt eine der Längsseiten ein. Ihre würfelförmigen Fächer tragen eine weiße Melaminbeschichtung. Der Fußboden hat ein mattglänzendes Wachsfinish. Seit 2004 ist Emmanuelle Moureaux Urheberin der Designs sämtlicher ABC Cooking Studios sowie der abc kids studios für vier- bis elfjährige Kinder.

Studio de cuisine ABC (Japon)

Au Japon, les Studios ABC font partie des écoles de cuisine les plus populaires auprès des jeunes femmes. Ils sont présents dans toutes les grandes villes japonaises. Des couleurs éclatantes et séduisantes ont été choisies, et sont combinées à l'intérieur pour créer un look moderne et gai. Cette palette est l'élément principal de la nouvelle image des studios de cuisine ABC. Les tables et les plans de travail ont été fabriqués sur mesure. Ils sont disposés aléatoirement dans l'espace, pour renforcer l'atmosphère informelle. La palette de couleurs est très variée, et il n'est pas rare que l'on choisisse une table « assortie » pour servir les plats cuisinés. Un mur d'étagères en contreplaqué occupe l'un des côtés longs de la pièce. Les compartiments cubiques sont habillés de mélamine et de peinture à l'uréthane. Le plancher en vinyle a reçu une finition à la cire mate. Emmanuelle Moureaux a créé le design de tous les Studios de cuisine ABC depuis 2004, et des studios « abc kids » destinés aux enfants de 4 à 11 ans depuis 2005.

The warm wood tones create a beautiful backdrop for the high-gloss colourful surfaces. The white walls and table legs intensify the colours.

Für die hochglänzenden farbigen Flächen bilden die warmen Holztöne einen schönen Hintergrund. Das Weiß der Wände und Tischbeine intensiviert die Farben.

Les tons chaleureux du bois créent une toile de fond magnifique pour les surfaces multicolores brillantes. Le blanc des murs et des pieds de table intensifie les couleurs.

A room for tea ceremonies.

Ein Raum für eine Tee-Zeremonie.

Une pièce pour la cérémonie du thé.

There are Emmanuelle Moureaux-designed ABC Cooking Studios in Kyoto and other cities.

Es gibt von Emmanuelle Moureaux ausgestattete ABC Kochstudios in Kyoto und anderen großen Städten Japans.

On peut trouver des Studios de cuisine ABC signés Emmanuelle Moureaux à Kyoto et dans d'autres grandes villes.

Nakagawa Chemical CS Design Centre, Tokyo

Nakagawa Chemical is famous for its amazing adhesive coloured film products. The CS Design Centre functions as an interactive space where clients can try out as many as 1,200 different coloured film samples. The presentation of the product is unusual. There are five half-height tables with compartments through which one can browse as in a record shop. The colour films are presented as square panels the size of record covers. The cubicles are made of transparent acrylic and ideally boast a rainbow array of colours. Selected samples were applied to ceiling-high glass panels called Shikiri, which float above the black carpet with which they contrast particularly well. One wall of the CS Design Centre has 48 white light boxes that use different lighting media (incandescent, fluorescent and LED) to create animated colour patterns, as a sort of artwork.

Nakagawa Chemical CS Design Centre, Tokio

Der Hersteller Nakagawa Chemical ist bekannt für seine farbigen Oberflächenfolien. Das CS Design Centre dient als interaktiver Kundentreffpunkt, wo etwa 1.200 Farbvarianten der Folien zur Verfügung stehen. Ungewöhnlich ist die Präsentation des Produkts. Es gibt fünf halbhohe Tische mit Fächern, in denen man wie in einem Schallplattenladen blättern kann. Die Farben sind dort in Form von quadratischen Tafeln in Plattencovergröße einsortiert. Die Fächer bestehen aus durchsichtigem Acrylglas und bringen die Regenbogenpalette optimal zur Geltung. Einige Farben wurden auf deckenhohe Glaspaneele, Shikiri genannt, aufgezogen. Vom schwarzen Teppichboden heben sie sich besonders gut ab. An einer Wand des Design Centre wirken 48 quadratische weiße Kästchen, die über verschiedene Beleuchtungsmedien animierte Farbmuster enthalten, wie ein Kunstwerk.

Nakagawa Chemical CS Design Centre, Tokyo

La firme Nakagawa Chemical est renommée pour ses étonnants films adhésifs colorés. Le CS Design Centre est un espace interactif qui met à la disposition des clients environ 1 200 échantillons de film coloré. La présentation du produit est originale. Cinq tables à mi-hauteur sont équipées de compartiments où l'on peut passer en revue les échantillons, de la taille d'une pochette d'album, comme dans un magasin de disques. Les compartiments sont en acrylique transparent et mettent en valeur la palette arc-en-ciel de façon optimale. Une sélection de couleurs a été appliquée à des panneaux de verre qui font toute la hauteur de la pièce, appelés shikiri, qui flottent sur la moquette noire avec laquelle ils créent un contraste particulièrement réussi. L'un des murs du Design Centre est équipé de 48 boîtes à lumière (incandescente, fluorescente et LED) disposées selon un motif aléatoire qui peuvent animer les échantillons, comme une œuvre d'art.

A four meter long, single continuous piece of Shikiri furniture works as a division of the space as well as a display box for catalogues and products.

Eine vier Meter lange weiße Theke aus Shikiri dient als Raumteiler und Display für Kataloge und andere Produkte.

Un comptoir blanc en shikiri de quatre mètres de long sert à diviser l'espace et à présenter le catalogue et d'autres produits.

Neutelings & Riedijk

Breda Fire House
(Netherlands)

For Neutelings & Riedijk Architects building is a process that clearly divides the composition of the interior space and the shell. They frequently develop their works from a block of Styrofoam, which, like the work of a sculptor, takes shapes by removing material. All of their buildings are initially 'born naked and then dressed'. In this case, the sharp-edged structures wear a dress of brick, faced with squares in a pattern of horizontally and vertically aligned bricks to make the brick façade. The bricks are a typical building material for the country and bring the appropriate red signal for a fire house into play without being flashy.

Feuerwache Breda
(Niederlande)

Für Neutelings & Riedijk Architecten ist Bauen ein Prozess, der die Gestaltung des Volumens und der Hülle klar trennt. Sie entwickeln ihre Arbeiten häufig zunächst aus einer Gesamtform aus Styropor, die, wie bei der Arbeit eines Bildhauers, durch Abtragen ihre Gestalt erhält. Alle Gebäude werden so zunächst „nackt geboren und dann angezogen". In diesem Fall tragen die scharfkantigen Raumblöcke außen ein Kleid aus Ziegeln, die als Klinkerfassade mit einem Muster aus liegenden und stehenden Quadern vorgeblendet wurden. Die Ziegel sind ein landestypisches Baumaterial und bringen das für eine Feuerwache angemessene Rotsignal ins Spiel, ohne dabei aufdringlich zu wirken.

Caserne de pompiers de Breda
(Pays-Bas)

Pour les architectes de Neutelings & Riedijk, la construction est un processus où il faut clairement différencier la création des volumes et de la coque extérieure. Ils développent fréquemment leurs projets à partir d'un bloc de polystyrène, qu'ils sculptent et dont ils font naître une nouvelle forme en retirant de la matière. Tous leurs bâtiments sont donc tout d'abord « nés nus puis habillés ». Ici, les blocs aux bords aigus sont revêtus de briques disposées en un motif de parallélépipèdes verticaux et horizontaux. Les briques sont un matériau de construction typique dans le pays, et leur couleur rouge est un signal approprié pour une caserne de pompier, sans pour autant être trop tape-à-l'œil.

In a few places, the brownish-red of the façade joins a black-and-white checkerboard element, for example on the large door.

An einigen wenigen Stellen gesellt sich zum Braunrot der Fassade ein schwarzweiß gewürfeltes Element, wie z. B. das große Tor.

En certains endroits, le brun-rouge de la façade est combiné à un damier noir et blanc, par exemple la grande porte.

Black is also the colour of the window and door frames and all visible steel building structures.

Schwarz ist auch die Farbe der Fenster- und Türfassungen und aller sichtbaren Baustahlteile.

Le noir est également la couleur des cadres des fenêtres et des portes, et de toute la structure visible en acier.

In the interior, the simple design of black with white and earth-red is repeated – the brick colour repeats here on the gunite surfaces.

Im Innenraum wiederholt sich das schlichte Design aus Schwarz mit Weiß und Erdrot – der Ziegelton wiederholt sich hier an den Spritzbetonflächen.

À l'intérieur, la palette simple de blanc, noir et rouge terre se répète. La couleur brique est reprise sur les surfaces en béton projeté.

Minnaert Building, Utrecht University (Netherlands)

The building seems alien, coarse and a bit eerie. The enormous hall in its interior is dark as a cave. There is a pool inside. The long, drawn-out structure shows a futuristic asymmetrical geometry reminiscent of space ships in science-fiction films. However, the surface has something naturalistic. Perhaps this associative mixture is exactly the right mix for a faculty building for earth science, physics, and astronomy. The building is also a synthesis of modern technology and ecology in its function. It has a heat recovery system combined with natural building cooling by way of a rainwater reservoir. The gunite façade shines as a result of the concentration of an intense orange-earth pigment.

Minnaert-Gebäude, Universität Utrecht (Niederlande)

Das Gebäude wirkt fremdartig, grob und auch ein wenig unheimlich. Die gewaltige Halle in seinem Inneren ist düster wie eine Höhle. In ihr gibt es ein Wasserbecken. Der langgezogene Gebäudekörper zeigt eine futuristisch-asymmetrische Geometrie, die an Raumschiffe aus Science-Fiction-Filmen erinnert. Die Oberfläche hingegen hat etwas Naturhaftes. Vielleicht ist für ein Fakultätsgebäude der Geowissenschaften, Physik und Astronomie gerade diese assoziative Mischung die richtige. Auch in seiner Funktionsweise ist der Bau eine Synthese von moderner Technik und Ökologie. Er verfügt über ein Wärmerückgewinnungssystem in Kombination mit natürlicher Gebäudekühlung über ein Regenwasserreservoir. Die Fassade aus aufgespritztem Beton leuchtet aufgrund ihres Gehalts an Erdpigmenten intensiv orange.

Bâtiment Minnaert, université d'Utrecht (Pays-Bas)

Le bâtiment semble étrange, rude et un peu inquiétant. À l'intérieur, la gigantesque salle est obscure comme une grotte. Elle contient un bassin. Le corps de bâtiment allongé affiche une géométrie asymétrique futuriste, qui évoque les vaisseaux spatiaux des films de science-fiction. Sa surface possède en revanche un caractère plus naturel. Cette association est sans doute idéale pour un bâtiment consacré aux sciences de la terre, à la physique et à l'astronomie. Du point de vue fonctionnel, l'édifice est également une synthèse de la technologie et de l'écologie modernes. Il est équipé d'un système de récupération de la chaleur combiné à un système de refroidissement naturel grâce à un réservoir d'eau de pluie. La façade en béton projeté doit son éclat à la concentration de pigments de terre d'un orange intense.

Gunite offers excellent plastic possibilities.

Spritzbeton bietet hervorragende plastische Möglichkeiten.

Le béton projeté offre d'excellentes possibilités plastiques.

The university building is named for the Dutch natural scientist M. G. J. Minnaert.

Das Universitätsgebäude trägt den Namen des niederländischen Naturwissenschaftlers M. G. J. Minnaert.

Le bâtiment de la faculté porte le nom du biologiste et astronome néerlandais M. G. J. Minnaert.

The added pigment results in changing colouration that seems more alive than a coat of paint.

Die hinzugefügten Pigmente ergeben eine changierende Färbung, die lebendiger wirkt als ein Anstrich.

Le pigment ajouté donne une coloration changeante qui semble plus vivante qu'une couche de peinture.

Ofis arhitekti

Tetris Apartments, Ljubljana (Slovenia)

Ofis arhitekti are masters in enlivening extended façades of blocks of flats. They create individuality using seemingly countless variations of a prescribed pattern arrangement. Colour plays a special role in this. The right colour combinations create a harmonious impression. Colour underscores plasticity and can carry a rhythm. In Ljubljana the interplay of right- and left-oriented vertical supports with the horizontals of the floor divisions results in a meandering pattern. A handful of earth-tone colours are applied to the structure so that no meander section is identical to another. The indirect colouration of glass and metal on the balconies fits in well. The tinted façade elements consist of prefabricated wood fibreboard. Their shape is reminiscent of the computer game Tetris which was, after all, the source of the project's name.

Tetris Apartments, Ljubljana (Slowenien)

Ofis arhitekti sind Meister in der Belebung ausgedehnter Wohnblockfassaden. Über scheinbar unzählige Variationen eines vorgegebenen Ordnungsschemas schaffen sie Individualität. Farbe spielt dabei eine besondere Rolle. Die richtigen Farbkombinationen erzeugen einen harmonischen Eindruck. Farbe unterstützt Plastizität und kann Träger eines ästhetischen Rhythmus sein. In Ljubljana lässt der Wechsel von rechts- und linksgesteller vertikaler Stütze mit den Horizontalen der Geschosseinteilung ein Mäandermuster entstehen. Eine Handvoll Farben aus dem Naturtonbereich ist der Struktur so zugeordnet, dass kein Mäanderabschnitt dem anderen gleicht. Die indirekte Farbigkeit von Glas und Metall an den Balkonen passt gut dazu. Die getönten Fassadenelemente bestehen aus vorgefertigen Holzfaserplatten. Ihre Form erinnert an das Computerspiel Tetris, das schließlich namengebend für das Projekt wurde.

Appartements Tetris, Ljubljana (Slovénie)

Ofis arhitekti sont des maîtres dans l'art d'animer les façades des blocs d'appartements. Ils créent l'individualité à partir de variations qui semblent infinies sur un modèle prédéfini. La couleur joue un rôle particulier dans cet exercice. Des combinaisons de couleurs appropriées créent un effet harmonieux. La couleur souligne les volumes et peut leur apporter un rythme. À Ljubljana, l'alternance des supports verticaux à gauche et à droite et les divisions horizontales entre les étages créent un motif sinueux. Une poignée de couleurs naturelles sont appliquées à la structure de sorte qu'aucun segment de ce motif ne soit identique à un autre. La coloration indirecte du verre et du métal des balcons s'adapte parfaitement à l'ensemble. Les éléments de façade teintés sont constitués de panneaux de bois préfabriqués. Leur forme évoque le jeu vidéo Tetris, qui a d'ailleurs donné son nom au projet.

The actual wall of the building shows two other shades of colour, which create a nice background for the colours of the balcony covering.

Die eigentliche Hauswand weist zwei weitere Farbtöne auf, die einen schönen Hintergrund für die Farben der Balkonverkleidungen bilden.

Le mur de l'édifice en lui-même est habillé de deux autres couleurs qui créent une belle toile de fond pour les couleurs des balcons.

The surface configuration – part matte, part shiny – is the intermediary element between the colourful and plastic qualities of the building.

Die Oberflächenbeschaffenheit, mal matt, mal glänzend, ist das vermittelnde Element zwischen den farblichen und plastischen Qualitäten des Gebäudes.

La texture des surfaces, en partie mate et en partie brillante, est l'élément intermédiaire entre les qualités chromatiques et volumiques du bâtiment.

Lace Apartments, Nova Gorica (Slovenia)

Nova Gorica with its climate, vegetation and general lifestyle has a typical Mediterranean character, with great importance attached to external shady spaces. Therefore the architects' task was to design a wealth of external spaces of varying characters for their client. Studying existing housing in the area, they developed a variety of spaces: open and enclosed balconies, terraces and loggias, partially covered or with pergolas, shielded on one side or completely glazed, and always of varying dimensions. Each apartment possesses a very individual external area, sometimes intimate, sometimes very open. The façade is of aluminium shading panels, which are particularly suitable as a medium for the sophisticated colour concept based upon the colours of the region to be found in the soil of the Gorica Valley, nearby vineyards, and the tiled roofs of old houses. However, because of the stripes, the locals apparently felt reminded of men's nightwear, and gave the apartments the nickname of "Pyjamas".

Streifen-Apartments, Nova Gorica (Slowenien)

Nova Gorica hat mit seinem Klima, seiner Vegetation und der allgemeinen Lebensweise einen typisch mediterranen Charakter. Dazu gehört insbesondere das Leben im Freien. Für den Auftraggeber entwickelten die Architekten daher eine Vielzahl von Außenräumen zu den Wohnungen und orientierten sich dabei auch an lokalen Formen. Es finden sich offene und geschlossene Balkone, Terrassen und Loggias, teils bedacht oder mit Pergolen versehen, einseitig beschirmt oder ganz verglast und immer wieder in den Abmessungen variiert. Jedes Apartment hat einen sehr individuellen, mal intimen, mal sehr offenen Außenraum. Das Fassadenmaterial ist Aluminium, das sich für das komplexe Farbkonzept besonders eignete. Die Palette bezieht sich auf Farben der Region: die Erde des Goricatals, Weinberge und die Ziegeldächer der alten Häuser. Durch die Streifen fühlten sich die Städter allerdings an Herrennachtwäsche erinnert und tauften die Apartments „Pyjamas".

Appartements à rayures Nova Gorica (Slovénie)

Nova Gorica est une ville typiquement méditerranéenne par son climat, sa végétation et le mode de vie de ses habitants, qui aiment tout particulièrement vivre dehors. C'est pourquoi les architectes ont imaginé de doter le bloc de logements d'une multitude d'espaces extérieurs, tout en reprenant des formes locales : on trouve ainsi des balcons, ouverts et fermés, des terrasses, des loggias. Ces structures sont couvertes ou agrémentées de pergolas, sont fermées sur un côté ou entièrement vitrées et présentent les dimensions les plus variées. Chaque studio a son propre espace extérieur, tantôt très intime, tant très ouvert. La façade est en aluminium, matériau qui s'intégrait particulièrement bien dans la palette de couleurs complexe retenue. Celle-ci fait référence aux couleurs de la région : la terre de la vallée de Gorica, les vignobles et les toits couverts de tuiles des constructions anciennes. Les studios devraient à leurs rayures le surnom de « pyjamas » que leur ont donné les habitants.

Many balconies have integrated cupboards.

Manche Balkone haben Einbauschränke.

Certains balcons sont pourvus de placards.

Each apartment possesses a very individual external area, sometimes intimate, sometimes very open.

Jedes Apartment hat einen sehr individuellen, mal intimen, mal sehr offenen Außenraum.

Chaque studio a son propre espace extérieur, tantôt très intime, tant très ouvert.

The coloured aluminium has a noble effect and is easy to care for.

Das farbige Aluminium wirkt edel und ist leicht zu warten.

L'aluminium coloré donne une touche de noblesse et est facile à entretenir.

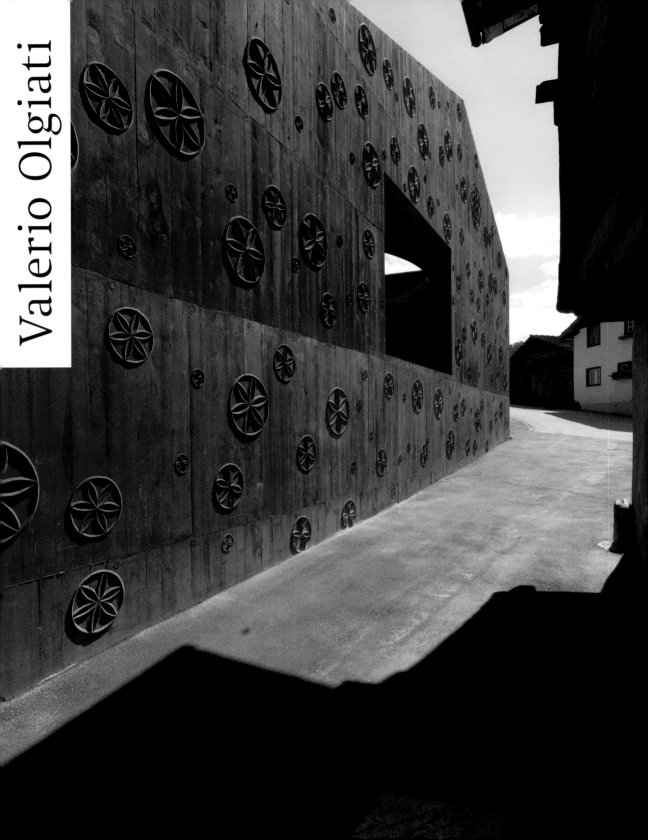

Valerio Olgiati

Bardill Studio, Scharans (Switzerland)

The Swiss mountain village of Scharans is a creative retreat for the musician and author Linard Bardill. A farmyard barn stood previously on the site of the current music studio. A regulation for building conservation restricted building activity to a restoration of the barn or a new building that copied the footprint and dimensions of the original building in order to retain the location's overall appearance. Valerio Olgiati realised the second alternative with a certain irony. He set a square of wall panels like a gingerbread house around the prescribed footprint. He did in fact copy the original gable contour, but these do not have a roof. So behind high, nearly completely closed walls a *Hortus conclusus* (enclosed garden) arose, of which only a third became the atelier space. The building sculpture is literally made of a mould – of red-coloured in-situ concrete, with which the few fixtures of steel and copper melt together.

Atelier Bardill, Scharans (Schweiz)

Kreativer Rückzugsort des Musikers, und Schriftstellers Linard Bardill ist das schweizerische Bergdorf Scharans. An der Stelle des heutigen Musikstudios stand zuvor eine Bauernhofscheune. Die Bauvorschriften hätten nur eine Restaurierung der Scheune erlaubt, oder einen Neubau, der Grundriss und Dimensionen des Altbaus nachzeichnen würde, um so das ursprüngliche Ortsbild zu bewahren. Valerio Olgiati realisierte die zweite Alternative mit einer gewissen Ironie. Wie ein Lebkuchenhaus setzte er ein Geviert aus Mauerscheiben um den vorgegebenen Plan. Er bildete zwar die alte Giebelkontur nach, doch diese trägt kein Dach. Nun ist hinter hohen, fast vollständig geschlossenen Mauern ein *Hortus conclusus* entstanden, von dem nur ein Drittel zum eigentlichen Atelierraum ausgebildet wurde. Die Gebäudeskulptur besteht aus rotgefärbtem Ortbeton, der mit den wenigen Einbauten aus Stahl und Kupfer verschmilzt.

Atelier Bardill, Scharans (Suisse)

Scharans est un village de montagne que le musicien et écrivain Linard Bardill a élu comme retraite créative. Une grange de ferme se trouvait autrefois à l'emplacement du studio de musique actuel. Un règlement sur la conservation des bâtiments obligeait à choisir entre restaurer la grange ou construire un nouvel édifice avec le même tracé au sol et les mêmes dimensions que le bâtiment d'origine afin de conserver l'apparence générale du site. Valerio Olgiati s'est chargé de la réalisation de la seconde option, avec une certaine ironie. Il a dressé un carré de panneaux muraux sur le plan prescrit à la manière d'une maison de pain d'épices. Il a bien copié le contour de la grange, mais l'édifice n'a pas de toit. Derrière les murs hauts et presque aveugles, un *hortus conclusus* (jardin clos) est apparu, dont seul un tiers de l'espace a été aménagé en atelier. Cette sculpture architecturale est faite de béton rouge coulé en place, avec les quelques éléments encastrés en acier et en cuivre noyés dans la masse.

The concrete building's colour matches the wooden façade of the old houses. Of course, whimsical decorative rosettes clearly show the difference of this structure.

Im Farbton passt sich das Betongebäude den Holzfassaden der alten Häuser an. Doch das verspielte dekorative Rosettenmotiv zeigt deutlich die Andersartigkeit des Objektes an.

La couleur de l'édifice en béton est assortie aux façades en bois des vieilles maisons, mais le motif décoratif et ludique de la rosette montre clairement que cette structure est différente.

Dominique Perrault

Priory Park Pavilion, Reigate (London)

The elliptical one-story building is covered with a layered surface of glass, whose steel frame elements seem dematerialised because of their reflective surface. Depending on position and lighting conditions, the pavilion reflects its surroundings and creates an irritating, faceted picture, or it becomes invisible behind the reflections. It stands in a hollow in a large meadow; just a short distance away, the forested park area begins. The meadow consists of circular grass areas of different grasses. As an analogy to that, the floor of the pavilion shows its own stylised picture of different brightly coloured circles that overlap each other.

Pavillon im Priory Park, Reigate (London)

Den ellipsoiden eingeschossigen Bau umgibt eine Schuppenhaut aus Glas, deren Einfassungselemente aus Stahl durch ihre spiegelglänzende Oberfläche wie entmaterialisiert wirken. Je nach Standpunkt und Lichtverhältnissen reflektiert der Pavillon seine Umgebung und erzeugt ein irritierendes, facettiertes Bild. Manchmal wird er durch die Spiegelung scheinbar unsichtbar. Er steht in einer Mulde innerhalb einer großen Wiese; erst ein Stück entfernt beginnt bewaldetes Parkgebiet. Die Wiese besteht aus kreisförmigen Rasenflächen aus verschiedenen Gräsern. In Analogie dazu zeigt der Boden des Pavillons ein eigens entworfenes Bild aus sich überschneidenden Kreisen in verschiedenen bunten Farben.

Pavillon dans Priory Park, Reigate (Londres)

Ce bâtiment ellipsoïdal de plain-pied est revêtu de lames de verre superposées dont la surface réfléchissante semble dématérialiser les éléments de leur cadre en acier. Selon la position de l'observateur et les conditions d'éclairage, le pavillon reflète son environnement et crée une image à facettes déconcertante, ou bien devient invisible derrière les reflets. Il se dresse dans le creux d'un grand pré, et la zone de stationnement boisée commence un peu plus loin de là. Le pré se compose de surfaces circulaires plantées de différentes sortes d'herbes. Le sol du pavillon établit une analogie avec ce pré grâce à ses motifs de cercles multicolores superposés.

Perrault often shows influences of Earth art, particularly the works of Carl Andre.

Perrault zeigt sich häufig beeinflusst von der Land Art, insbesondere den Arbeiten von Carl Andre.

Perrault est souvent influencé par le Land Art, et particulièrement par les œuvres de Carl Andre.

Christian de Portzamparc

Luxemburg Philharmonic

The Luxemburg Philharmonic's unusual foyer is reminiscent of a labyrinthine palace inside an iceberg. This impression is elicited by the angled, building-high wall sections that fit into each other like a backdrop. Their angles lean slightly together and hide secretive rooms, open up niches, perspectives and insights. The magical atmosphere is supported by the colour and light concept. All of the interspaces are palely tinted or rather staged with coloured light. Dark, warm colours dominate in the core of the building, in the concert hall, while the outer part of the building is surrounded by a forest of white, overly thin pillars. So the visitor experiences a three-fold light show, up to the climax with the concert experience in the building's interior. In the evenings, coloured light penetrates between the interspaces created by the pillars to the outside so the building seems like a lantern.

Philharmonie Luxemburg

Das außergewöhnliche Foyer der neuen Philharmonie in Luxemburg erinnert an einen labyrinthischen Palast im Inneren eines Eisbergs. Dieser Eindruck wird durch die schrägen, kulissenartig ineinander geschobenen, gebäudehohen Wandscheiben hervorgerufen. Ihre Schrägen neigen sich leicht zueinander und verbergen geheimnisvolle Räume, eröffnen Nischen, Durch- und Einblicke. Die verzauberte Atmosphäre wird durch das Farb-Licht-Konzept unterstützt. Alle Zwischenräume sind zart getönt bzw. durch farbiges Licht inszeniert. Im Kern des Gebäudes, im Konzertsaal, dominieren dunkle, warme Farben, während der Bau außen von einem Wald aus weißen, überschlanken Säulen umstellt ist. So erlebt der Besucher eine dreischichtige Lichtinszenierung, hin zum Höhepunkt mit dem Konzertereignis im Gebäudeinneren. Durch die Säulenzwischenräume dringt am Abend farbiges Licht nach außen und lässt den Bau wie eine Laterne wirken.

Philharmonie du Luxembourg

Le foyer insolite de la nouvelle Philharmonie du Luxembourg évoque un palais labyrinthique à l'intérieur d'un iceberg. Cette impression est créée par les pans de mur obliques qui font toute la hauteur du bâtiment et qui se rencontrent en formant des sortes de coulisses de théâtre. Leurs angles se penchent légèrement les uns vers les autres et recèlent des pièces secrètes, ouvrent des niches, des perspectives et des vues. L'atmosphère magique est renforcée par le concept chromatique et d'éclairage. Tous les interstices sont teintés de couleurs pâles, ou plutôt mis en scène par de la lumière colorée. Au cœur de l'édifice, dans la salle de concert, ce sont les couleurs sombres et chaudes qui dominent, alors que le périmètre est entouré d'une forêt de minces piliers blancs. Le visiteur assiste donc à un spectacle lumineux à trois volets, jusqu'au clou final du concert dans les entrailles du bâtiment. Le soir, la lumière colorée passe entre les piliers vers l'extérieur et donne au bâtiment des airs de lanterne.

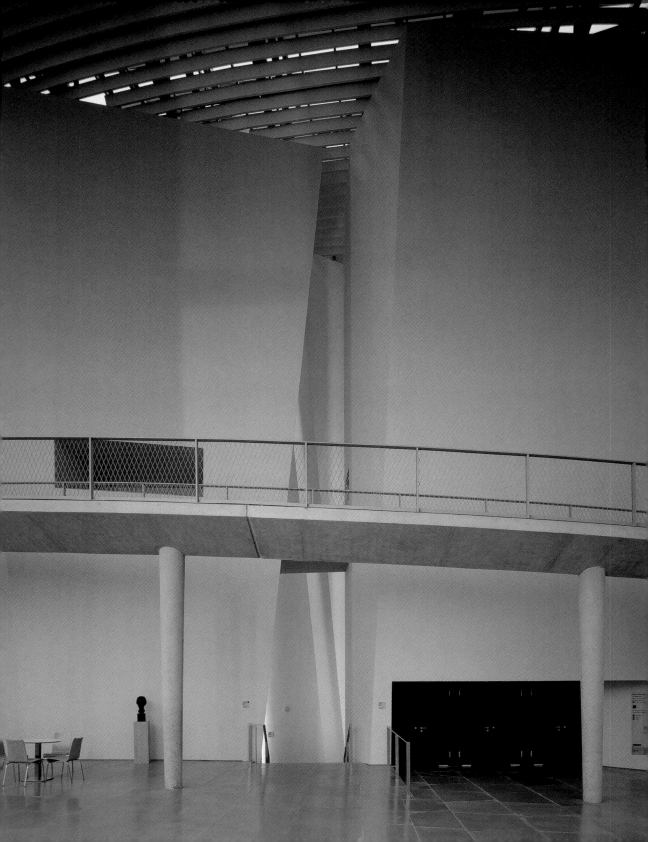

Architecture is like music for de Portzamparc. His exhibition 'Un opéra fabuleux' in Lille shows a composition of space and colours.

Für de Portzamparc ist Architektur wie Musik. Seine Ausstellung „Un opéra fabuleux" in Lille zeigte eine Komposition von Räumen und Farben.

Pour Portzamparc, l'architecture est comme la musique. Son exposition « Un opéra fabuleux » à Lille présente une composition d'espaces et de couleurs.

The Luxemburg concert building is shaped like a snail's shell.

Das luxemburgische Konzerthaus ist schneckenhausförmig angelegt.

La salle de concert luxembourgeoise est construite en forme de coquille d'escargot.

One can walk between the forest of pillars and the auditorium on a spiral ramp.

Über die Spirale der Rampe kann man zwischen dem Säulenwald und dem Auditorium spazieren.

Le visiteur peut déambuler entre la forêt de piliers et l'auditorium sur une rampe en spirale.

raumzeit

Expansion of the Bremen Youth Hostel (Germany)

The existing and expansion buildings became an ensemble of three construction volumes of different design, height and orientation. The vertical, towering, shiny yellow structure with the new guest rooms has a flush façade; the division of floors was intentionally overridden to emphasize the volumetric whole. The room-high windows have colourfully lacquered frames of aluminium, flush-mounted with the point holder affixed glass wall panels. The glass window parapets are on a level with the façade. A horizontally situated new wing of the building contains the youth hostel's common areas. With its eggplant-coloured façade of large-format aluminium composite panels it brings another focus into play. The shade leans towards the red/brown of the old hostel's brick walls. However, the façade is lustrous, not matte and porous like brick.

Erweiterung der Jugendherberge Bremen (Deutschland)

Bestand und Erweiterung sind zu einem Ensemble aus drei Bauvolumina unterschiedlicher Gestalt, Höhe und Orientierung entwickelt. Der vertikal aufragende, hochglänzend gelbe Baukörper mit den neuen Gästezimmern hat eine bündige Fassade; die Geschosseinteilung wurde bewusst überspielt, um das volumetrische Ganze zu betonen. Die raumhohen Fenster haben farbig lackierte Blendrahmen aus Aluminium, die bündig mit der punktgehaltenen, gläsernen Wandverkleidung abschließen. Die gläsernen Fensterbrüstungen liegen in einer Ebene mit der Fassade. Ein horizontal gelagerter neuer Gebäudeteil enthält die gemeinschaftlichen Bereiche der Jugendherberge. Mit seiner auberginefarbenen Fassade aus großformatigen Aluminium-Verbundtafeln bringt er einen anderen Akzent ins Spiel. Der Farbton lehnt sich an das Rotbraun der Ziegelmauer der alten Herberge an. Die Fassade ist jedoch glänzend, nicht matt und porös wie der Backstein.

Agrandissement de l'auberge de jeunesse de Brême (Allemagne)

Les espaces existants et ajoutés forment un ensemble de trois bâtiments de différents styles, hauteurs et orientations. La haute structure verticale jaune et brillante avec les nouvelles chambres affiche une façade complètement lisse. La division des étages a été dissimulée intentionnellement pour souligner le volume de l'ensemble. Les fenêtres pleine hauteur ont des cadres en aluminium laqué de couleur vive, montés à ras des panneaux de verre muraux fixés sur points. Les balustrades vitrées des fenêtres sont également dans le même plan que la façade. Une nouvelle aile horizontale du bâtiment abrite les espaces communs de l'auberge de jeunesse. Avec sa façade couleur aubergine à grands panneaux composites en aluminium, elle apporte un nouvel élément au tableau. Sa couleur se rapproche du brun-rouge de la façade en briques de l'ancien bâtiment, mais sa texture est brillante, et non mate et poreuse comme la brique.

Passages, panoramic views, and the building's colour as a landmark contribute to the revitalisation of the waterfront 'Schlachte'.

Passagen, Panoramablicke und die Gebäudefarbe als Landmarke, tragen zur Revitalisierung der Uferpromenade „Schlachte" bei.

De nouveaux passages, des vues panoramiques et le choix des couleurs font de ce bâtiment un monument local qui contribue à la revitalisation du quai « Schlachte ».

The modulations of lemon, orange, yellow and beige shades are slightly discordant, which seems refreshing and makes them shine like signals, much like the shipping signals on the Weser.

Die Modulationen der Zitronen-, Orange-, Gelb- und Beigetöne enthalten leichte Disharmonien, die erfrischend wirken und signalhaft leuchten, wie die gelben Schiffahrtszeichen der Weser.

Les modulations de tons citron, orange, jaune et beige sont légèrement discordantes, ce qui produit un effet rafraîchissant et rappelle les signaux fluviaux utilisés sur la Weser.

The colouring supports the building design: old and new intentionally stand next to each other in a relationship of vibrancy and friction.

Die Farbgebung unterstützt das Gebäudekonzept: Alt und Neu stehen bewusst in einem Verhältnis von Resonanz und Reibung zueinander.

La couleur renforce le concept architectural : la relation entre le neuf et l'ancien est délibérément pleine de résonances et de frictions.

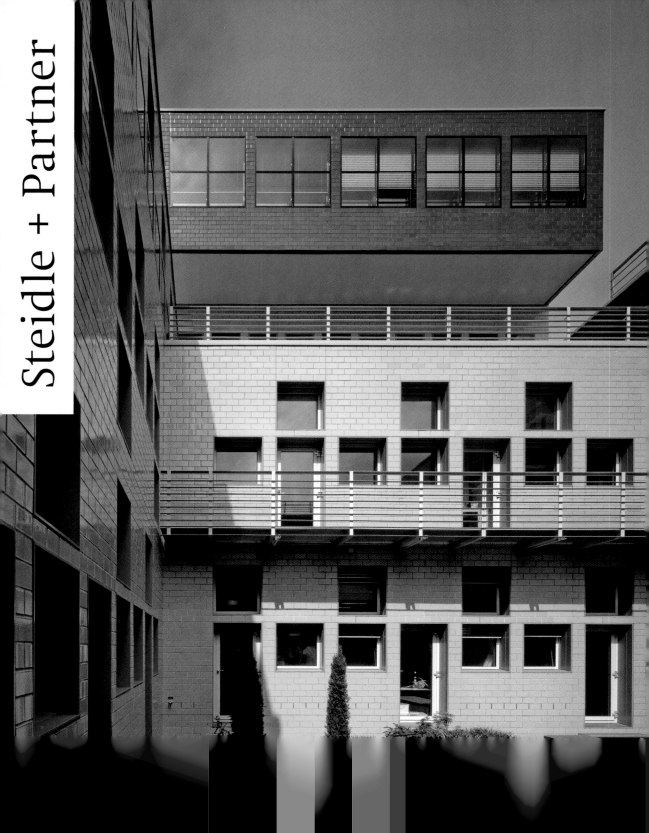

Alfred Wegener Institute, Bremerhaven (Germany)

Steidle + Partner worked with the Berlin artist Erich Wiesner on this façade design as they have before. Black and white meet colour, but in a reserved way. Colour variations move formally along the rectangle. A long building along the harbour shore is the base. Three tower-like structures that house the common areas, such as the cafeteria and meeting rooms, protrude from it. All of the building sections are based on the cube. The rectangular form of the façade's bricks corresponds with the windows' square patterns. Every tower brings a bright colour into play and is thereby identifiable. Each interior courtyard is also set apart by its colour. The outer skin consists of colourfully glazed stones. Monochromatic wall areas are adjacent to abstractly patterned surfaces in white, grey and black.

Alfred-Wegener-Institut, Bremerhaven (Deutschland)

Wie bereits zuvor, so arbeiteten auch bei diesem Fassadenkonzept Steidle + Partner mit dem Berliner Künstler Erich Wiesner zusammen. Schwarz-Weiß trifft Bunt, jedoch auf zurückhaltende Art und Weise. Formal gehen Variationen über das Rechteck mit dieser Farbigkeit einher. Ein am Hafenufer langgestreckter Gebäudekörper bildet den Sockel. Aus ihm ragen drei turmartige Aufbauten, die jeweils die Gemeinschaftsbereiche wie Kantine und Besprechungsräume enthalten. Alle Gebäudeteile sind aus dem Kubus aufgebaut. Damit korrespondieren die Rechteckform der Ziegel der Fassadenverkleidung und das Quadratraster der Fenster. Jeder Turm bringt eine Buntfarbe mit ins Spiel und ist dadurch identifizierbar. Auch jeder Innenhof hebt sich farblich ab. Die Außenhaut besteht aus farbig glasierten Steinen. Monochrome Wandbereiche stehen neben abstrakt gemusterten Flächen in Weiß-Grau-Schwarz.

Institut Alfred Wegener, Bremerhaven (Allemagne)

Pour ce projet de façade, Steidle + Partner ont une fois de plus travaillé en collaboration avec l'artiste berlinois Erich Wiesner. Le noir et blanc y rencontre la couleur, mais avec retenue. Les variations chromatiques se déclinent sur la forme du rectangle. La base est un bâtiment allongé situé le long du port, dont partent trois structures en forme de tour qui abritent les espaces communs, comme la cantine et les salles de réunion. Tous les corps de bâtiment sont basés sur la forme du cube, qui trouve un écho dans la forme rectangulaire des briques de la façade et dans les motifs carrés des fenêtres. Chaque tour apporte à l'ensemble une touche de couleur vive qui l'identifie. Chaque cour intérieure est également identifiée par une couleur. Le revêtement extérieur est constitué de pierres émaillées colorées. Les pans de mur monochromes côtoient des surfaces en blanc, gris et noir aux motifs abstraits.

Stairwells, hallways and the foyer complete the primary colour spectrum with red and blue.

Treppenräume, Flure und das Foyer vervollständigen mit Rot und Blau das Grundfarbenspektrum.

Les cages d'escalier, les couloirs et le foyer complètent le spectre des couleurs primaires avec le rouge et le bleu.

The square windows are distributed irregularly, sometimes flush with the façade and sometimes recessed.

Die quadratischen Fenster sind unregelmäßig verteilt und mal bündig mit der Fassade, mal zurückgesetzt.

Les fenêtres carrées sont distribuées de façon irrégulière, parfois dans le même plan que la façade, et parfois en retrait.

The open areas are consistently laid out with right angles, but planted, including the roof terraces.

Die Freiflächen, einschließlich der Dachterrassen, sind konsequent rechtwinklig angelegt und begrünt.

Les surfaces ouvertes sont toutes rectangulaires, mais sont végétalisées, notamment les Terrasses de toit.

At different points, the basically rectangular footprint diverges into extremely acute or flat angles.

An verschiedenen Stellen weicht der rechteckbasierte Grundriss in extrem spitze oder flache Winkel ab.

En divers endroits le tracé au sol rectangulaire se déforme en angle très aigu ou au contraire très plat.

On the other hand, the tile pattern obscures these points and an irritating impression is the result.

Das Fliesenmuster überspielt diese Stellen andererseits, und es entsteht ein irritierender Eindruck.

D'un autre côté, les carreaux obscurcissent ces endroits, ce qui crée un effet déconcertant.

Studio Archea

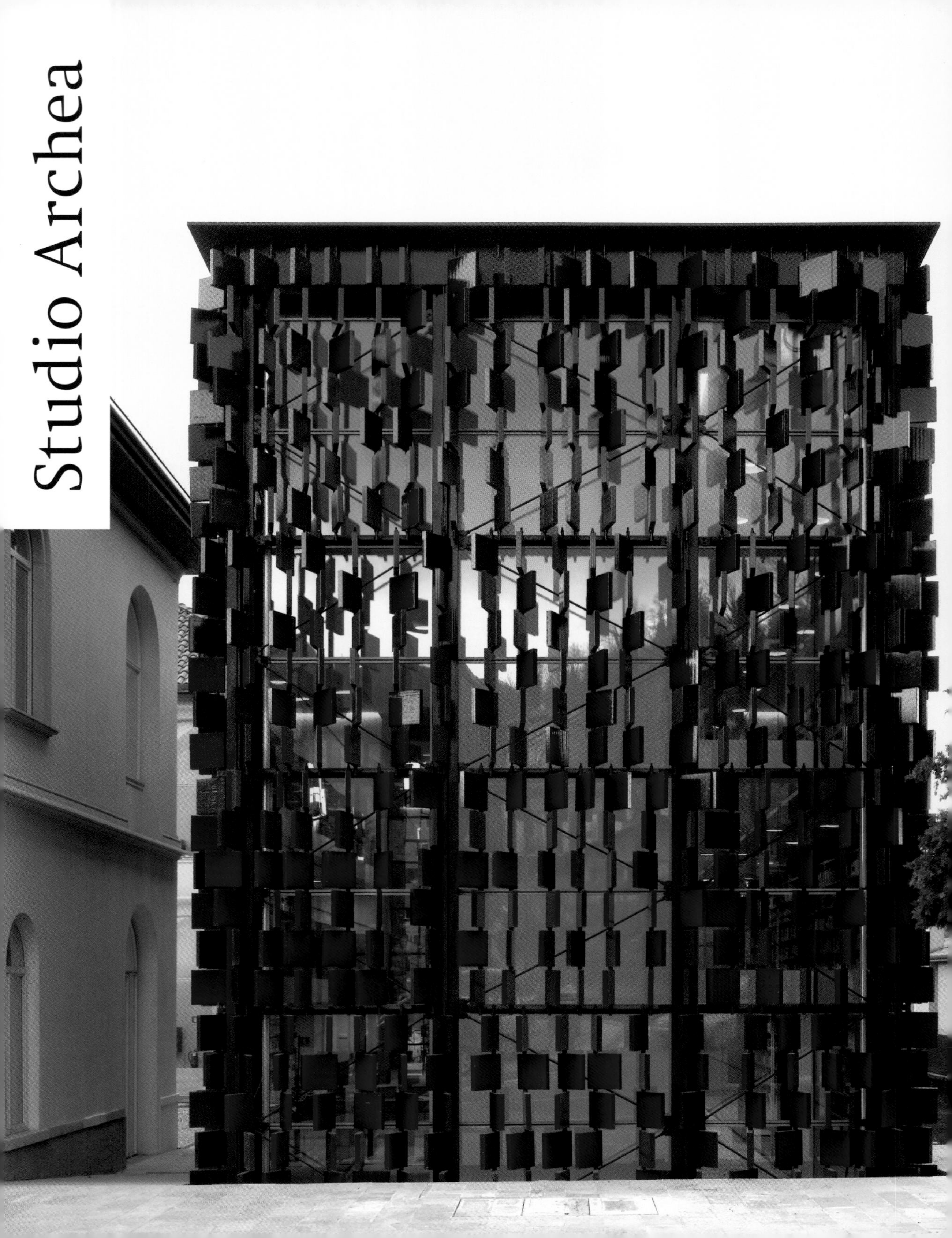

Nembro Library, Bergamo (Italy)

Archea Associati expanded the new city library in Nembro, an old schoolhouse from the 19th century, with an annexe. The annexe is covered with a light, two-layered dress of small movable square plates in front of a glass façade. Because the functional origin for this construction was sun protection, one could call it a completely façade-encompassing jalousie. Freely moving suspended elements of glazed terracotta create this curtain. The glaze colour is a uniform deep red; however, it changes as the elements turn in the light. A reference to content is apparent in the "book format" of the terracotta squares. A colour connection to the original building and the rest of the regional buildings arises through the approximation of the red in the ceiling tiles in the surroundings.

Bibliothek Nembro, Bergamo (Italien)

Die neue städtische Bibliothek in Nembro, ein altes Schulhaus aus dem 19. Jahrhundert, wurde von Archea Associati um einen Anbau ergänzt. Der Erweiterungsbau trägt ein lichtes, zweischichtiges Kleid aus beweglichen Quadratplättchen vor einer Glasfassade. Da der funktionale Ausgangspunkt der Konstruktion der Sonnenschutz war, könnte man ihn als fassadenumfassende Variation einer Jalousie bezeichnen. Frei beweglich aufgehängte Elemente aus glasierter Terrakotta bilden diesen Vorhang. Die Glasurfarbe ist einheitlich tiefrot, changiert jedoch durch die Drehung der Elemente im Licht. Ein inhaltlicher Bezug wird durch das „Buchformat" der Terrakottawürfel offensichtlich. Eine farbliche Anbindung an den Altbau und die übrige regionale Bebauung entsteht durch die Annäherung an das Rot der Dachziegel der Umgebung.

Bibliothèque Nembro, Bergame (Italie)

Archea Associati s'est chargé d'ajouter une annexe à la nouvelle bibliothèque municipale du Nembro, une ancienne école du XIXᵉ siècle. Ce bâtiment supplémentaire est habillé de deux couches légères : de petites plaques carrées mobiles placées devant une façade vitrée. L'origine fonctionnelle de cette construction étant la protection contre le soleil, on pourrait la décrire comme une variation sur le thème de la persienne, mais à l'échelle de toute la façade. Ce rideau est composé d'éléments mobiles suspendus en terre cuite émaillée. L'émail est teinté dans un rouge profond uniforme, qui change lorsque les éléments tournent dans la lumière. Le « format livre » des carrés de terre cuite est une référence au contenu de l'édifice. Leur couleur crée également un lien avec le bâtiment principal et l'architecture régionale en rappelant le rouge des tuiles de leurs toits.

The spatial and formal separation from the original building was important for the architects.

Wichtig war den Architekten die räumliche und formale Abgrenzung zum Altbau.

Pour les architectes, il était important d'établir une distance spatiale et formelle avec le bâtiment principal.

Because the new building is freestanding, its light phenomenon is visible from all sides.

Da der Neubau frei steht, kann er nach allen Seiten seine Lichtphänomene zeigen.

Comme le nouvel édifice est complètement indépendant, ses jeux de lumière sont visibles sur ses quatre côtés.

The glazed ceramics are a valuable material rich in history.

Die glasierten Keramiken sind ein traditionsreiches, wertvolles Material.

La céramique émaillée est un matériau traditionnel de grande valeur architecturale.

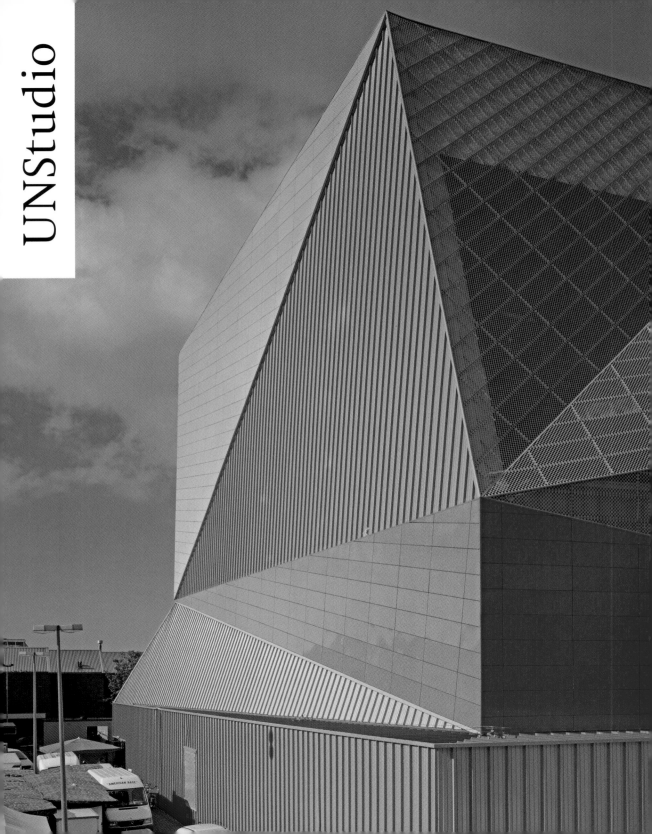

UNStudio

Agora Theatre, Lelystad (Netherlands)

The Agora Theatre from UNStudio is one of the most outstanding statements in the area of architecture and colour. The three selected primary shades, orange for the exterior surface, pink for the foyer and red for the theatre space, are each strong signals on their own. Through treating and folding the surfaces, varied shades arise within these three colours. The façade consists of a layer of differently lacquered perforated metal plates. The bottom layer of colour shimmers through the openings, resulting in a moiré effect. Both outside and inside the large, irregular surfaces reveal a rich texture of nubs, folds and perforations. In its large dimension, the entire building is a relief of folded planes.

Agora-Theater, Lelystad (Niederlande)

Das Agora-Theater von UNStudio ist eines der herausragendsten Statements im Bereich Architektur und Farbe. Die drei gewählten Haupttöne, Orange für die Außenhaut, Pink für das Foyer, Rot für den Saal, sind jeder für sich schon ein starkes Signal. Durch Bearbeitung und Faltung der Oberflächen entstehen vielfältige Schattierungen innerhalb dieser drei Farben. Die Fassade besteht aus einer Schichtung unterschiedlich lackierter Lochbleche. Die untere Farbschicht schimmert durch die Öffnungen, und es entsteht ein Moiréeffekt. Außen wie innen weisen die großen, unregelmäßigen Flächen eine reiche Textur aus Noppen, Falzen und Perforationen auf. In großer Dimension besteht das ganze Gebäude aus einem Relief gefalteter Ebenen.

Théâtre Agora, Lelystad (Pays-Bas)

Le théâtre Agora d'UNStudio est l'un des exemples les plus avant-gardistes en matière d'architecture et de couleur. Les trois teintes principales choisies, orange pour la surface extérieure, rose pour le foyer et rouge pour la salle, sont chacune un signal fort en elles-mêmes. Le travail et le pliage des surfaces créent de nombreuses nuances à l'intérieur des trois teintes. La façade est constituée d'une couche de plaques de métal perforées laquées de différentes façons. La couche de couleur sous-jacente apparaît par les perforations et crée un effet moiré. À l'extérieur comme à l'intérieur, les surfaces irrégulières présentent une riche texture de bosses, de plis et de perforations. À l'échelle du bâtiment tout entier, ce que l'on voit est un relief de plans pliés.

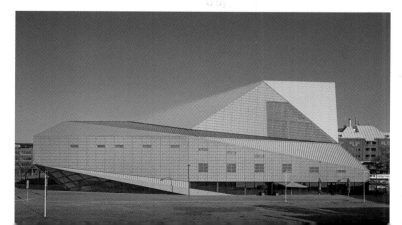

In the foyer, the noncolour white accentuates the pink.

Im Foyer bringt die Nichtfarbe Weiß das Pink zum Leuchten.

Dans le foyer, la « non-couleur » du blanc accentue le rose.

Coloured light bands guide the audience to the individual theatres. The light becomes more intense near the entrances.

Farblichtbänder leiten die Zuschauer in die einzelnen Säle. Zu den Eingängen hin wird das Licht intensiver.

Des bandes de lumière colorée guident les spectateurs dans les différentes salles. La lumière s'intensifie près des entrées.

The visual presence of the building in a largely empty environment was important to the architects.

Die visuelle Präsenz des Gebäudes in einem weitgehend leeren Umfeld war den Architekten wichtig.

La présence visuelle du bâtiment dans un environnement pratiquement vide était importante pour les architectes.

The seating, wall and ceiling surfaces in the large theatre present themselves uniformly in classic red.

Die Bestuhlung, Wand- und Deckenflächen des großen Theatersaals präsentieren sich einheitlich in klassischem Rot.

Les sièges, les murs et le plafond de la grande salle de théâtre affichent un rouge classique et uniforme.

In the auditorium the tridimensional surface of the walls also serves acoustic purposes.

Im Theaterraum dienen die Wandfaltungen auch der Akustik.

Dans la salle de théâtre, les plis des murs sont également au service de l'acoustique.

Galleria Mall, Seoul

An existing shopping mall in the fashion quarter Apgujeong-dong received a new dress. By day, the scaled surface of round, frosted glass plates seems elegant. A pale reflection of sun and sky enlivens it unobtrusively. By dark, the multimedia system, to which every glass plate is connected and centrally controlled, is activated. It allows a never-ending palette of colour changes, whose different colours can roll across the façade in waves. The system reacts to changing weather conditions, among other things. In combination with a random generator, the dynamic façade creates a colour show that magnetically attracts passers-by and draws them into a shopping experience.

Galleria-Kaufhaus, Seoul

Eine bestehende Shopping-Mall im Fashion-Bezirk Apgujeong-dong bekam ein neues Kleid. Tagsüber wirkt ihre Schuppenhaut aus runden, gefrosteten Glasplatten elegant. Ein leichter Widerschein von Sonne und Himmel belebt sie dezent. Bei Dunkelheit wird das Multimediasystem aktiviert, an das jede der Glasscheiben angeschlossen ist und das zentral gesteuert wird. Es ermöglicht eine unendliche Palette von Farbwechseln, die in Wellen über die Fassade wandern. Das System reagiert unter anderem auf wechselnde Wetterbedingungen. In Kombination mit einem Zufallsgenerator erzeugt die dynamische Fassade ein Farbschauspiel, das die Passanten magnetisch anzieht und zum Einkaufserlebnis verführt.

Centre commercial Galleria, Séoul

Un centre commercial du quartier de la mode Apgujeong-dong a reçu un nouvel habillage. De jour, le revêtement d'écailles rondes en plaques de verre sablé donne une impression d'élégance. Le reflet subtil du soleil et du ciel les anime délicatement. Le système multimédia à contrôle centralisé auquel chaque plaque de verre est reliée est activé au crépuscule. Il est capable de créer un éventail infini de transitions et de mouvements de couleurs qui se déplacent en vagues sur la façade. Le système réagit entre autres aux modifications des conditions météorologiques. Combinée à un générateur aléatoire, la façade dynamique crée un spectacle chromatique qui attire comme un aimant les passants et les invite à entrer faire leurs achats.

The façade is a development of
UNStudio and Arup Lighting.

Die Fassade ist eine Entwicklung
von UNStudio und Arup Lighting.

La façade est un projet d'UNStudio
et Arup Lighting.

Even people out on walks who
are already familiar with the
building remain standing time
and again in anticipation of a new
light effect.

Auch Spaziergänger, die das
Gebäude schon kennen, bleiben
in Erwartung eines neuen Licht-
effekts immer wieder stehen.

Même les promeneurs qui
connaissent déjà le bâtiment
tombent régulièrement en arrêt
devant sa façade, dans l'attente
d'un nouvel effet lumineux.

The continuous colour changes awaken the impression of a massive, glowing body.

Die stufenlosen Farbverläufe erwecken den Eindruck eines massiven, glühenden Körpers.

Les changements chromatiques continus évoquent l'idée d'un corps lumineux massif.

The inside also received a new, futuristic design.

Auch das Innere bekam eine neues, futuristisches Design.

L'intérieur a également subi un remodelage futuriste.

A succession of colourful catwalks invites strolling.

Eine Abfolge von bunten Stegen lädt zum Spazieren ein.

Une série de passerelles colorées invite à la flânerie.

La Defense Office Building, Almere (Netherlands)

From the city, the long office complex seems inconspicuous. Rather, its silver-grey façade shows a matte reflection of the surroundings. It is enclosed like a fortress. The large parcel has just two narrow entrances. The view one sees when glancing into the complex is all the more striking. The interior courtyards open surprisingly and in contrast with the exterior appearance as a dazzling rainbow world. Its glass façades are covered in dichromatic film whose special crystalline structure constantly creates new, brilliant colour effects, depending on the light's intensity and angle of incidence. Because this is not a coloured material but rather a reflection of natural light, the visible colours include the entire spectrum, including all compound colours. For the human eye they appear different to the camera – only the on-site experience allows optimal impressions.

Bürogebäude La Defense, Almere (Niederlande)

Zur Stadt hin wirkt der langgestreckte Gebäudekomplex unauffällig. Seine silbergraue Fassade zeigt im Gegenteil nur eine matte Widerspiegelung der Umgebung. Er ist festungsartig abgeschlossen. Das große Grundstück hat nur zwei schmale Zugänge. Umso frappierender ist das Bild, das sich dort beim Blick in die Anlage bietet. Die Innenhöfe öffnen sich überraschend und im Kontrast zum äußeren Anschein als schillernde Regenbogenwelt. Ihre Glasfassaden wurden mit einer dichromatischen Folie versehen, deren besondere Kristallstruktur ständig neue, brillante Farbeffekte entstehen lässt, je nach Stärke und Einfallswinkel des Lichts. Da es sich nicht um gefärbtes Material, sondern um Reflexionen des natürlichen Lichts handelt, umfassen die wahrnehmbaren Farbtöne das gesamte Spektrum, einschließlich aller Mischfarben. Für das menschliche Auge stellen sie sich anders dar als für eine Kamera – erst das Erlebnis vor Ort ermöglicht den optimalen Eindruck.

Immeuble de bureaux La Defense, Almere (Pays-Bas)

Vu depuis la ville, ce complexe de bureaux allongé n'a rien de spectaculaire. Sa façade gris argenté montre au contraire un reflet mat de son environnement. Il est fermé comme une forteresse. Cette grande parcelle n'est dotée que de deux entrées étroites. L'image que l'on contemple en pénétrant à l'intérieur n'en est que plus frappante. La cour intérieure crée la surprise en jouant sur le contraste avec l'extérieur, c'est un monde arc-en-ciel et chatoyant. Ses façades vitrées sont revêtues d'un film dichromatique dont la structure cristalline crée constamment de nouveaux effets de couleur éclatants, en fonction de l'intensité de la lumière ou de son angle d'incidence. Comme il ne s'agit pas d'un matériau teinté, mais plutôt d'un reflet de la lumière naturelle, les couleurs visibles couvrent tout le spectre chromatique, et tous les mélanges de couleurs. Elles apparaissent différemment à l'œil humain et en photographie, et il faut être sur place pour les apprécier dans toute leur mesure.

The film is translucent. In the interior spaces the colour effects are weaker and take a back seat to the spatial impression.

Die Folie ist transluzent. In den Innenräumen sind die Farbeffekte schwächer und treten gegenüber dem Raumeindruck zurück.

Le film est translucide. Dans les espaces intérieurs les effets de couleur sont plus faibles et se situent au second plan du concept spatial.

The texture of the façades, like the footprints, is striped.

Die Textur der Fassaden wie auch die der Grundrisse ist streifenförmig.

Les façades sont dotées d'une texture à rayures, comme le tracé au sol.

The individual sections of the building complex vary not only in the colour effects, but also in their height.

Die einzelnen Abschnitte des Gebäudekomplexes variieren nicht nur bei den Farbeffekten, sondern auch in der Höhe.

Les différentes parties du complexe varient non seulement par leurs effets de couleurs, mais aussi par leur hauteur.

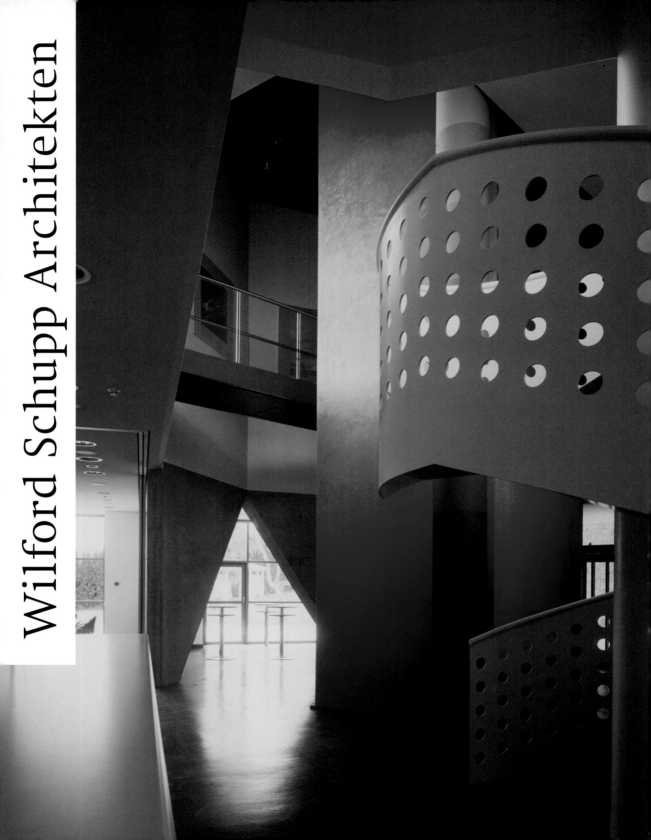

Wilford Schupp Architekten

Building K, Sto AG, Stühlingen (Germany)

The Sto AG, an internationally leading producer of colour, façade and lamination systems, has its headquarters in southwest Germany directly on the Swiss border. The delightful landscape sets high standards for the design of new buildings. The new training and office building emerges with the function as a signal in the landscape. It serves widely as a visible business card for the company. Wilford Schupp Architekten are profiled designers in the area of colour design. As a result, they were the appropriate partner for the paint manufacturer Sto AG and implemented building projects for the company until quite recently. The colours and their use with different materials are the key to corporate identity here. In addition, the different functions of the building and the differentiation among the individual functional areas are expressed through the use of colour with different materials.

Gebäude „K", Sto AG, Stühlingen (Deutschland)

Die Sto AG, ein international führender Produzent von Farb-, Fassaden- und Beschichtungssystemen, hat ihren Hauptsitz im Südwesten Deutschlands unmittelbar an der Schweizerischen Grenze. Die landschaftlich reizvolle Lage setzt hohe Maßstäbe bei der Gestaltung neuer Bauten. Dem neuen Schulungs- und Bürogebäude wächst topographisch die Funktion eines Signals in der Landschaft zu. Es dient als weithin sichtbare Visitenkarte des Unternehmens. Wilford Schupp Architekten sind profilierte Gestalter im Bereich Farbdesign. Sie waren damit der geeignete Partner für den Farbenhersteller Sto AG und realisierten bis in die jüngste Zeit Bauprojekte für das Unternehmen. Die Farbigkeit und ihre Umsetzung an verschiedenen Materialien sind hier der Schlüssel zur Corporate Identity. Außerdem werden so die verschiedenen Funktionen des Gebäudes hervorgehoben.

Bâtiment « K », Sto AG, Stühlingen (Allemagne)

L'entreprise Sto AG, leader international dans la production de systèmes de couleurs, de façades et de revêtements, a son siège dans le sud-ouest de l'Allemagne, directement sur la frontière avec la Suisse. Le paysage magnifique met la barre haut pour le style des nouveaux bâtiments. Le nouveau bâtiment de salles de formation et de bureaux se dresse dans le paysage comme un signal topographique. Visible de loin, il fait office de carte de visite de l'entreprise. Wilford Schupp Architekten est une firme de premier plan dans le domaine de la couleur. C'était donc le partenaire idéal pour le fabricant de peinture Sto AG, et elle s'est chargée de la réalisation de plusieurs projets architecturaux pour l'entreprise, jusque très récemment. Les couleurs et leur application sur différents matériaux sont ici la clé de l'identité de l'entreprise. C'est aussi par ce moyen que sont exprimées les différentes fonctions du bâtiment et que l'on en distingue les différents domaines fonctionnels.

The colour products allow an integrated use of selected colours regardless of background material. So, for example, an exact colour match between wall and window frame is possible.

Die Farbprodukte ermöglichen eine durchgängige Verwendung ausgesuchter Farben, unabhängig vom Untergrundmaterial. So ist z.B. eine exakte farbliche Über-einstimmung von Wand und Fensterrahmung möglich.

Les produits permettent une utilisation sans limites des couleurs choisies indépendam-ment du support. On peut ainsi obtenir exactement la même couleur sur un mur et sur un cadre de fenêtre.

Sto AG, Hamburg

Administration, training and warehouse buildings for Sto AG were constructed in a commercial park in southeast Hamburg. The owner's project definition required the use of company-fabricated products (paints, plasters, façade systems), the development and application of a panel system, consideration of the corporate design with the colours yellow, white, and black, and the development of the structure as a modular construction kit system for the building of further locations. Different functions in self-contained structures are expressed within the building complex: the storage area as a long white structure with a flat roof, the office as an elevated, rectangular, yellow structure with a barrel-shaped roof, the red, quadratic training building with a mono-pitch roof, and the white, curving exhibition area of brick as a regionally typical product.

Sto AG, Hamburg

In einem Gewerbegebiet im Südosten Hamburgs entstanden Verwaltungs-, Schulungs- und Lagergebäude der Sto AG. In der Aufgabenstellung des Bauherrn waren der Einsatz von firmeneigenen Produkten (Farben, Putze, Fassadensysteme), die Entwicklung und Anwendung eines Paneelsystems, die Berücksichtigung des Corporate Design mit den Farbtönen Gelb, Weiß und Schwarz und die Entwicklung der Baukörper als modulares Baukastensystem für den Bau weiterer Niederlassungen gefordert. Innerhalb des Gebäudeensembles drücken sich verschiedene Funktionen in eigenständigen Baukörpern aus: ein langer, weißer Baukörper mit Flachdach als Lager, das Büro als aufgeständerter, gelber Baukörper mit Tonnendach, ein rotes Schulungsgebäude mit Pultdach und das weiße, gekurvte Ausstellungsbereich aus Klinker als regionaltypischem Produkt.

Sto AG, Hambourg

Des bâtiments administratifs, de formation et de stockage ont été construits pour Sto AG dans une zone d'activité au sud-ouest de Hambourg. Le client avait demandé l'utilisation de produits fabriqués par l'entreprise (peintures, enduits, systèmes de façade), le développement et l'application d'un système de panneaux, la prise en compte du style propre à l'entreprise avec les couleurs jaune, noir et blanc, et la conception de la structure sous forme de système modulaire pour la construction d'autres succursales. Au sein du complexe, les différentes fonctions sont exprimées par des bâtiments indépendants : l'entrepôt est une longue structure blanche avec un toit plat, les bureaux sont logés dans une haute structure jaune avec un toit en tonneau, le bâtiment de formation est cubique et rouge avec un toit en appentis, et l'espace d'exposition est blanc et curviligne, avec des briques typiques de la région.

While substance fades into the background through the two-dimensional use of specific shades of colour, the characteristic shape of the uniformly coloured structures is emphasised.

Während Materialität durch den flächigen Einsatz bestimmter Farbtöne in den Hintergrund tritt, wird die charakteristische Form des einheitlich gefärbten Baukörpers hervorgehoben.

Tandis que la matérialité est reléguée au second plan par l'utilisation de certaines couleurs en aplats, la couleur uniforme des structures souligne leurs formes caractéristiques.

Index | Verzeichnis
Directory

AFF architekten
Berlin, Germany
www.aff-architekten.com
Photos: © Sven Fröhlich, AFF

Wiel Arets
Maastricht, Netherlands
www.wielarets.nl
Photos: Laufen GmbH

Alsop Architects
London, United Kingdom
www.alsoparchitects.com
Photos: Morley von Sternberg,
Rod Coyne

Arakawa + Gins
New York, USA
www.reversibledestiny.org
Photos Bioscleve House:
Jose Luis Perez-Griffo Viquera, Joke Post,
Dimitris Yeros
Photos Reversible Destiny Apartmens:
Masataka Nakano

Bolles + Wilson
Münster , Germany
www.bolles-wilson.com
Photos: Christian Richters

burkhalter sumi
Zürich, Switzerland
www.burkhalter-sumi.ch
Photos: Heinz Unger

C+S ASSOCIATI Architects
Treviso, Italy
www.cipiuesse.it
Photos: c+s associate (Cappai, Chemollo)

CamenzindEvolution
Zürich, Switzerland
www.camenzindevolution.com
Photos Seewürfel:
evo/CamenzindEvolution,
evo/YT, Ferit Kuyas, Jean-Jacques Ruchti
Photos Google: Peter Wurmli

David Chipperfield
London, United Kingdom
www.davidchipperfield.co.uk
Photos: Christian Richters

de architectengroep
Amsterdam, Netherlands
www.dearchitectengroep.com
Photos: Christian Richters

deffner voitländer architekten
Dachau, Germany
www.dv-arc.de
Photos: dv architekten, Judith Buss

GATERMANN + SCHOSSIG
Köln, Germany
www.gatermann-schossig.de
Photos: GATERMANN + SCHOSSIG,
Reiner Perrey

John Hejduk (*1929 †2000)
www.wallhouse.nl
Photos: Christian Richters

Herzog & de Meuron
Basel, Switzerland
info@herzogdemeuron.ch
Photos: Christian Richters

Steven Holl
New York, USA
www.stevenholl.com
Photos: Christian Richters

Kresing Architekten
Münster, Germany
www.kresing.de
Photos: Christian Richters

Mecanoo
Delft, Netherlands
www.mecanoo.com
Photos: Christian Richters

emmanuelle moureaux
architecture + design
Tokyo, Japan
www.emmanuelle.jp
Photos ABC Studios: Nagaishi,
Nihonbashi, Tanaka
Photos CS Design Studio: Nagaishi

Neutelings & Riedijk
Rotterdam, Netherlands
www.neutelings-riedijk.com
Photos: Christian Richters

OFIS arhitekti
Ljubljana, Slovenia
www.ofis-a.si
Photos: Tomaz Gregoric

Valerio Olgiati
Flims, Switzerland
www.olgiati.net
Photos: Archive Olgiati

Dominique Perrault
Paris, France
www.perraultarchitecte.com
Photos: Christian Richters

Christian de Portzamparc
Paris, France
www.chdeportzamparc.com
Photos: Christian Richters

raumzeit
Berlin, Germany
www.raumzeit.org
Photos: Werner Huthmacher

steidle architekten
München, Germany
www.steidle-architekten.de
Photos: Christian Richters

Studio Archea
Firenze, Italy
www.archea.it
Photos: Christian Richters

UNStudio
Amsterdam, Netherlands
www.unstudio.com
Photos: Christian Richters

Wilford Schupp Architekten
Stuttgart, Germany
www.wilfordschupp.de
Photos: Sto AG

© 2009 Tandem Verlag GmbH
h.f.ullmann is an imprint of
Tandem Verlag GmbH

Research, Text and Editorial:
Barbara Linz
Layout:
Ilona Buchholz, Köln
Produced by:
ditter.projektagentur gmbh
www.ditter.net
Design concept:
Klett Fischer
architecture + design publishing

*Project coordination
for h.f.ullmann:*
Dania D'Eramo

Translation into English:
Sharon Rodgers for Equipo de
Edición S.L., Barcelona
Translation into French:
Valérie Lavoyer for Equipo de
Edición S.L., Barcelona

Printed in China

ISBN: 978-3-8331-5463-8

10 9 8 7 6 5 4 3 2 1
X IX VIII VII VI V IV III II I

If you like to stay informed about forthcoming h.f.ullmann titles, you can
request our newsletter by visiting our website (**www.ullmann-publishing.com**)
or by emailing us at: newsletter@ullmann-publishing.com.

h.f.ullmann, Im Mühlenbruch 1, 53639 Königswinter, Germany, Fax: +49(0)2223-2780-708